날마다 작은 통일이 이루어지는
기적의 공간

개성공단 사람들

기획 총괄 김진향 ㅣ 취재 강승환 이용구 김세라

개성공단 사람들

초판 1쇄 발행일 2015년 6월 5일
초판 5쇄 발행일 2016년 2월 25일

기획 총괄 김진향
취재   강승환 이용구 김세라

펴낸이 김완중
펴낸곳 내일을여는책
진행   정용일 이헌건
디자인 구정남
관리실장 장수댁

인쇄   예림인쇄
제책   바다제책

출판등록 1993년 01월 06일(등록번호 제475-9301)
주소   전라북도 장수군 장수읍 송학로 93-9(19호)
전화   063) 353-2289
팩스   063) 353-2290
전자우편 wan-doll@hanmail.net
블로그 blog.naver.com/dddoll

ISBN 978-89-7746-051-5 03340

날마다 작은 통일이 이루어지는
기적의 공간

개성공단 사람들

기획 총괄 김진향 | 취재 강승환 이용구 김세라

내일을여는책

추천사

북한을 이해하는 첫걸음

나는 소위 북한 사회의 상당한 고위층에 있었던 이탈 주민이다. 북한 사회에 대해 그 누구보다 종합적이고 정확하게 평가할 수 있다고 자부한다.

한국 사회에서 북한 사회에 대한 제대로 된 글이나 책을 본 적이 없다. 제대로가 아니라 목불인견(目不忍見, 차마 눈 뜨고 볼 수 없는 지경)이었다. 왜곡과 오도의 일반화는 물론, 차마 논문이라고 하기에도, 책이라고 하기에도 가당찮은 글들이 버젓이 인쇄되어 공론화되는 것이 도무지 믿어지지 않았다. 북한에 대한 총체적 무지가 남북관계와 통일문제 전체를 왜곡하고 있었다. 나중에야 알게 되었다. '하루라도 북한을 욕하지 않고는 이 사회가 온전히 돌아가지 않겠구나'라는 것을.

하지만 나는 이번에 보내온 《개성공단 사람들》 원고를 읽으면서 제대로 된 북한 사회 이해와 평가를 보는 듯해서 놀랐다.

'개성공단 사람들'은 개성공단에 대한 북한의 이해와 북한 근로자들

4

의 속살을 잘 그리고 있다. 북한 체제와 사회, 사람들을 실제로 체험해 보지 않고는 분석, 평가하기 힘든 지점들을 여러 곳에서 발견하고 또 한 번 놀랐다. 북한을 과학적이고 객관적으로 이해하는 북한 이탈주민 이라면 아마도 이러한 서술과 분석들에 크게 공감할 것이다.

북한을 제대로 이해하는 책을 만나게 되어 참으로 기쁘다.

분단의 틀 속에서 북한은 너무 많이 왜곡되고 있다. 어디서부터 어떻 게 설명해야 좋을지 모를 정도로 무지와 왜곡이 심각하다. 적대와 대 립, 비난과 폄하만 있다. 정작 알아야 할 평화와 통일의 대상으로서 북 한의 모습은 거의 알지 못한다.

북한 사람들은 남이 아니다. 바로 우리다. 남과 북은 잠시 분단되어 있을 뿐 원래 한 동포, 한 가족, 한 형제자매다. 그들은 바로 우리들 자 신, 나 자신이다. 북한을 타자화, 대상화하는 분단을 극복해야 한다. 그 첫 단초가 북한에 대한 정확한 이해와 인식이다. 이 책《개성공단 사람 들》은 비단 개성공단만의 이야기가 아니라 전체 북한 사회와 북한 동 포들을 온전히, 제대로 이해하는 데 큰 도움이 될 것이다.

평화를 염원한다면, 비극의 분단체제를 진정 극복하고자 한다면, 국 민 모두가 함께 구조적으로 행복해지고자 한다면 이 책을 꼭 읽어보기 를 권한다. 더불어 나는 이 책을 북측에도 추천하고자 한다. 남북관계 를 온전한 평화로 풀어가고자 하는 거시적 해답들이 곳곳에 녹아 있 다. 일독을 권한다.

경북대 대학원 철학과 **김 성 룡**

머리말

화성에서 온 남(南)과 금성에서 온 북(北)이
만들어가는 작은 기적

아카시아 꽃향기가 온 거리를 채워주더니, 어느새 여름이 훌쩍 가까워졌습니다. 올해도 그렇게 아카시아의 잔향과 함께 '6.15남북공동선언' 기념일이 다가옵니다. 분단 55년 만에 최초로 남북의 정상이 만나 민족 공동체의 복원을 위해 노력하기로 약속했던 그날이 벌써 15번째 돌아오고 있습니다.

6.15공동선언의 정신에 따라 이산가족방문단 교환, 남북장관급회담, 남북 경제협력추진위원회의 구성 등이 이루어졌으며, 남북분단으로 단절되었던 경의선과 동해선 연결을 위한 복원공사도 착수되었습니다. 그

6

리고… 남과 북의 사람들이 머리를 맞대고 몸을 부대끼며 함께하는 개성공단도 이때 만들어졌습니다.

그런데 남북 경제협력과 통일의 교두보라는 찬사 속에서 출범한 개성공단은 어느 날부터 '북한 퍼주기'의 대명사처럼 취급되면서 천덕꾸러기가 되고 말았습니다. 일부 언론들이 주장해온 대로 정말 개성공단은 북측 정권의 돈줄 역할을 하고 있는 걸까요?

물론 그렇지 않습니다.

개성공단에 근무하는 남측 근로자와 관리자들이 처음으로 입을 열었습니다. 그들은 '전쟁의 위협'이 일상화된 서울보다 개성공단이 오히려 더 안전하다고 말합니다. 전 세계 어디를 가도 개성공단만큼 경제성이 높은 곳이 없다고 말합니다. 그래서 천안함 사태 때도, 연평도 포격 때도 개성공단의 공장들은 쉬지 않고 돌아갔습니다. 아무리 언론에서 '위험하다' '퍼주기다' 떠들어대도, 기업주들은 개성을 포기하지 않습니다.

그렇게 오늘도 쌩쌩 돌아가는 개성공단에서, 화성에서 온 남측 근로자와 금성에서 온 북측 근로자들은 티격태격 '미운정 고운정'을 쌓아가면서 서로 서로 동화되어 갑니다. 그래서 그들은 개성공단을 '날마다 작은 통일이 이루어지는 기적의 공간'이라고 부릅니다.

개성공단은 어떤 이유로 전 세계에서 가장 경제적인 생산기지 역할을 할 수 있는 걸까요?

화성에서 온 남(南)과 금성에서 온 북(北)은 어떻게 날마다 작은 통일을 이루어가고 있는 걸까요?

'퍼주기'의 진실은 과연 무엇일까요?

이처럼 만신창이가 된 개성공단에, 그래도 여전히 희망이 남아 있는 걸까요?

우리는 그것을 확인해보기 위해 개성공단에서 근무하는 사람들을 직접 만났습니다. 우리가 만난 사람들은 개성공단에서의 생활과 북측 근로자들의 생활상을 그들의 눈높이에서, 있는 그대로 가감 없이 들려주었습니다. 때로는 투박하고 북측에 대한 오해와 무지가 고스란히 남아 있기도 합니다. 하지만 바로 그 덕분에 오히려 개성공단의 모든 것을 있는 그대로 보여줄 수 있다고 믿습니다.

우리는 이들의 입을 통해 현장에서 살아보지 않으면 절대로 알 수 없는 개성공단의 속살, 북측 근로자들의 민낯, 그리고 남북 근로자들이 함께 부대끼면서 날마다 작은 통일을 이루어가는 기적의 현장을 확인했습니다.

이 책은 바로 그 생생한 현장의 기록입니다.

2015년 5월

● 인터뷰에 응해주신 분들의 이름은 모두 가명입니다. 대부분 지금도 개성공단에서 일을 하고 있거나, 관련된 업무를 맡고 있는 상황에서 자칫 남측이나 북측 당국의 오해를 살 수도 있고, 관련된 회사에 불이익이 갈지도 모른다는 매우 조심스런 우려 때문입니다. 여전히 개성공단은 정치적으로 민감한 곳입니다. 이러한 간단치 않은 상황들이 현재의 개성공단을 상징적으로 표현한다고 생각합니다. 널리 이해해주시기 바랍니다.

● '남'과 '북'은 문맥상 특별한 문제가 없는 한 '남측'과 '북측'으로 표기하였습니다. '남측'과 '북측'은 지난 2000년 6.15공동선언 당시 남측의 기자협회와 PD협회가 남과 북을 공식 지칭할 때 쓰기로 합의한 표현입니다. 개성공단이라는 북측 지역을 살아가는 사람들의 이야기를 다루는 책이기 때문에 표현에서도 치우침이 없도록 하였습니다.

Contents

Part 1　**개성공단에 대한 기본 이해 :
오해와 진실**

Part 2　**개성공단에는 사람이 산다**

2010년 11월 23일

연평도 포격사건이 있던 날

　오후 3시경 개성공단 관리위원회 사무실의 책상 전화가 울렸다. 하루 평균 수십 통 이상은 울리는 전화다. 거의 대부분 입주기업 대표나 법인장들의 전화지만 간혹(?) 남측 당국에서 걸려오기도 한다. 잘 알려져 있지 않지만, 남측에서는 유선전화나 휴대폰을 통해 언제든 개성공단의 해당 기업이나 기관으로 전화를 할 수 있다. 다만 개성공단 안에는 휴대폰을 가지고 갈 수 없다. 휴대폰을 가지고 갔다가 걸리면 벌금이 50달러다.

　"네, 기업지원부장 김진향입니다."

"부장님, 접니다. 저… 별일 없으시죠?"

자신의 신분을 밝히지 않는 것은 대부분 남측 당국자의 전화다. 목소리만으로 신분을 확인한 다음 내용은 최대한 짧게, 요점만 서로 알아들을 정도로 한다.

"아, 네…. (속으로 '뭐지? 무슨 일이 있구나' 하면서 여러 생각들이 스쳐 간다.) 조용합니다."

"네, 연락 함 주십시오."

"네, 알겠습니다. 수고하세요."

일언반구 없이 그냥 '별일 없으시죠?' 물으면 뭔가 심상찮은 일이 있다는 것이다. 그것을 확인하기 위해서는 남측 뉴스를 빨리 봐야 한다. 급히 조용한 곳으로 가서 TV를 틀었다. 그런데 이게 뭐지? 연평도가 화염과 연기로 뒤덮여 있었다. 그리고 북측이 포격을 했다는 속보가 터져 나오고 있었다.

급하게 상황을 정리해서 위원장에게 보고했다. 그리고 곧바로 북측 당국자들의 상황을 파악하러 협력부로 들어갔다. 이미 내 얼굴은 잔뜩 굳어 있다.

아무것도 모르는지 7~8명이 일하는 북측(당국) 협력부 사무실은 여느 때처럼 부산하다.

"부장님! 시간 있어요? 담배나 한 대 피시죠?"

관리위원회 건물에 함께 근무하는 북측 당국(총국)의 부서명이 '협력부'이고 대표가 협력부장이다. 협력부는 직제상 관리위원회 부서지만 개성공단을 지도하는 북측 기관인 '중앙특구개발지도총국(총국)' 소속이다.

"아니 담배도 안 피는 김 부장 선생이 무슨 좋은 일이 있어서 나한테 담배까지 권하나?"

협력부장은 웃으면서 못 이기는 척 따라 나온다. 사무실 안에는 북측 당국자들이 많아서 긴요한 사안은 눈치껏 따로 나와서 이야기한다. 협력부장은 짐짓 무슨 일인가 싶어 따라나서면서 담배에 불을 붙인다.

사무실 현관 앞 양지 바른 곳의 나무의자에 앉았다.

"부장님, 어떻게 된 거요?"

"뭔 말이야? 어떻게 되다니?"

"몰라요? 모른단 말이야? 연평도가 난리가 났어!"

"연평도라니? 갑자기 무슨 뚱딴지같은 소리야? 그러잖아도 기업들 때문에 머리 아파 죽겠구먼… 뭔 말인지 자세히 이야기해보오."

"오늘, 그러니까 약 한 시간쯤 전에 서해 NLL 인근의 남측 연평도에 북측이 포사격을 해서 지금 난리도 아니오. 남측 TV 뉴스에 속보가 뜨고 영상이 나오는데, 한마디로 전쟁통의 아비규환이야. 연기가 피어오르고 포탄 떨어지는 장면들이 계속 나오고… 다행히 포 사격은 멈춘 것 같은데…"

북측 협력부장의 눈이 휘둥그레진다.

"뭐요? 정말이야? 그게 사실이란 말이야?"

협력부장은 사실관계를 전혀 모르는 눈치였다.

"빨리 사실관계 파악해봐요. 이 사건이 향후 어떻게 번질지 아무도 모르니까, 개성공단 내 북측 관계자들 입단속 철저히 하세요. 남측, 북측 근로자들끼리 혹 말이라도 섞이면 큰일 나요. 빨리 초동조치 취하고 좀 있다가 따로 다시 봅시다."

"알았수다. 정확히 알아보고 우리 조치는 우리가 취할 테니 남측 성원들과 근로자들 조치는 관리위원회가 똑똑히 처리하시오."

협력부장은 곧바로 사무실로 들어가 북측 관계자들 긴급회의를 소집했다. 곧이어 북측 당국자들은 일제히 전화기를 붙잡고 일사불란하게 움직이기 시작했다.

관리위원회 사무실로 곧장 들어가지 않고 멀리 송악산 너머의 하늘을 바라보았다. 가을하늘은 여느 때처럼 맑고 청명했다. '하아~' 저절로 한숨이 나왔다. 저토록 청명하게 맑은 하늘인데, 이 땅에서는 이 무슨…. 뭉게뭉게 하얀 솜털구름만이 유유히 남측으로 내려가고 있었다.

관련 사실을 관리위원장에게 보고하고, 곧바로 전 관리위원회 직원들을 통해 회사별로 필수 생산인원만 제외하고 한 사람도 빠짐없이 관리위원회 강당으로 모일 것을 전체 기업에 긴급지시로 전파했다. 채 30분도 되지 않아 개성공단 내 거의 모든 남측 주재원들이 강당으로 모였다. 이미 뉴스 속보를 확인한 듯 하나같이 어두운 얼굴들이었다. 아마도 남측 본사나 주문업체들이 연평도 속보를 보면서 전화로 개성공단 상황을 엄청 물었을 것이다.

전체 주재원들이 다 모이기 전까지 법인장 대표를 비롯한 주요 법인장들이 하나둘 찾아와 이구동성으로 물었다.

"부장님! 어떻게 된 거예요? 아니, 어떻게 될 것 같아요?"

"아시다시피 믿기 어려운 일이 발생했습니다. 조심스럽긴 하지만, 아마 개성공단에는 큰일이 없을 겁니다. 아무 일 없을 거예요. 너무 걱정들 마세요."

"아니 전쟁통인데…. 이게 난리잖아 난리! 다들 짐 싸서 나가야 되는 것 아냐?"

"이런 일까지 발생하리라곤 상상을 못했습니다. 어쨌든 사실관계를 좀 더 확인하고 지켜봐야겠지만, 중요한 것은 이 상황이 개성공단을 겨냥하고 있지 않다는 건 확실합니다. 아마 최근 NLL과 인근 해역에서의 군사훈련 등과 관련한 갈등이 폭발한 것 같습니다. 우리는 조용히 말조심하면서 공장 생산에만 전념하면 될 것 같습니다. 잠시 후 공식적으로 정리된 말씀을 드리겠습니다. 무엇보다 개성공단에 불똥이 튀지 않도록 우리 주재원들 모두 각별히 말과 행동을 조심해야겠습니다."

30여 분 동안 전체 주재원들을 대상으로 향후 행동지침과 기업별 대비태세 등 위기관리 매뉴얼에 따른 설명회를 마쳤다. 유사상황에 대비한 위기관리계획은 모든 단위에서 매뉴얼화해서 가지고 있다. 사실이 매뉴얼은 현 정부(이명박 정부) 들어 남북관계가 대립으로 치달음에 따라 여러 위기들을 상정하고 기업별 피해를 최소화하기 위해 만든 것이다.

설명을 마치고 참석자들에게 질문 기회를 줬지만 엄중한 분위기 때문인지 누구도 질문을 하지 않았다. '더 길게 이야기하지 않아도 잘 안다'는 암묵적 동의들이 위기 속에서 확산되고 있었다. 불안감으로 가득 찬 어둡고 엄숙한 수백 명의 얼굴들이 일제히 나를 바라보고 있었지만, 나는 오히려 아무 일 아니라는 듯 태연하게 행동과 말에 대한 각별한 주의를 당부했다.

기업별로 삼삼오오 돌아가는 주재원들의 뒷모습에는 무겁고 어두운 그림자들이 얹혀 있었다. 사실 그들의 얼굴과 마음속에 자리 잡은 어두운 그림자들은 어제오늘의 일이 아니다. 남북관계가 대결과 적대로 바뀐 후, 즉 현 정부가 들어서고 난 이후 개성공단이 비정상적 상황으로 접어들면서 개성공단의 남측 주재원이라면 누구나 마음 한쪽에 안고 살아가는 어두운 그림자였다. 그 스트레스는 사실 개성공단 사람들이 아니고서는 누구도 이해할 수 없는 것이었다.

참으로 간단치 않은 스트레스다. 남북관계의 불안감이 커지면 개성공단 내의 남측, 북측 근로자들은 모두 각별히 말과 행동을 주의한다. 이 자체가 상당한 스트레스다. 그럴 때는, 남북측 근로자들은 함께 있어도 말 한 마디도 자연스럽게 하지 않는다. 말을 섞는 것 자체가 서로에게 부담이기 때문이다. 스트레스성 증후군이 어느 곳보다 많은 곳이 바로 남북이 적대화된 이후의 개성공단이다. 마음 편히 함께 웃고 떠들던 예전을 모두 그리워했다.

사무실로 돌아와 남측으로 전화를 걸었다. 그리고 그 전화를 실시간으로 듣고 있을 남북측 여러 당국 기관원들 모두가 들으라는 듯 이야기했다.

"네, 접니다. 하하하. 가을이 깊어가고 있어서인지 무심하게도 개성공단의 하늘은 그제도 어제도 오늘도 참 맑네요. 공단에서 멀리 북측 하늘을 바라보니 내일도 많이 맑을 것 같아요. 햇볕도 참 따사롭게 밝고 맑습니다. 남측 주재원들과 공차기 딱 좋은 날씨입니다."

전화기 너머 무심코 듣고 있던 당국자가 한 마디 한다.

"고맙습니다. 하늘이 계속 맑도록 같이 기도합시다. 그리고 공은 주말에 차세요."

"일주일 후면 12월이네요. 이번 겨울은 좀 따뜻했으면 좋겠습니다. 개성의 겨울은 많이 찹니다. 서울에 계신 분들에게 안부 전해주세요."

누가 누구에게 전화를 한 건지, 통성명 하나 없이 하늘 이야기만 하다 짧은 통화를 끝냈다. 전화기를 내려놓고 부서 책상 끝자리에 앉아 일하는 북측 여직원의 모습을 물끄러미 쳐다본다.

○○이! 참 똑똑한 애다. 하나를 시키면 두세 가지를 할 줄 아는, 스물한 살의 착하고 똑똑한 애다. 이곳은 이미 남과 북이 이처럼 평화롭고 한가롭게 통일이 되어 있는데…. 문득 저주스런 분단에 대해 치밀어 오르는 분노가 두 손으로 감싸 쥔 머릿속에서 깊은 한숨으로 잦아들고 있었다.

그해 겨울 개성공단은 많이 추웠다. 기업들은 기존에 유지해왔던 생

18

산활동 말고는 할 수 있는 것이 아무것도 없었다. 정부는 개성공단 정상화에 대한 관심보다는 유사시를 대비한 위기관리계획 보강 작업에만 관심이 있었다. 솔직히 정부는 개성공단이 자연스럽게 닫히기를 기다리는 눈치였다. 개성공단은 이미 그들에게 오래전부터 '미운 오리새끼'였다. 개성공단의 겨울은 더욱더 추워지고 있었다. 그리고 그해 겨울은 너무 춥고 길었다.

김 진 향

Part 1

—

개성공단에 대한 기본 이해 :
오해와 진실

김 진 향

—

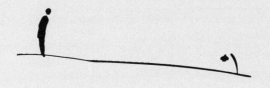

1. 개성공단에서
만난 북한,
    진실을 말하고 싶었다

필자는 남북관계와 북한체제, 평화와 통일문제를 연구하던 학자였다. 이후 통일외교국방정책을 다루는 국가최고기관에서 한반도 평화전략과 대북정책을 수립하고, 남북협상과 대북정책의 최일선에 직접 참여했던 정책 결정·집행자의 경험을 갖고 있다. 그 경험을 바탕으로 북한의 개성공단에 4년간 체류하면서 개성공단 관련 대북협상을 담당했다.

  4년간 많은 토론을 했다. 북측의 관료들과. 수도 없이 많은 질문을 던졌다. 북한 체제와 사회, 그 구조와 운영의 원리들에 대해서, 그리고 남북관계와 평화·통일 문제, 비핵화 문제, 인권 문제, 탈북자 문제, 식량난과 에너지난 문제까지. 심지어 천안함 사태와 연평도 포격 문제, 더 나아가 권력승계의 문제들까지 꺼내놓고 '허심하게'('허심탄회하게'의 북측 말) 대화해보았다. 관련 사안들은 금기의 영역이었고 함부로 꺼내기조차 부담스러운 것들이었지만, 학자적 의구심과 호기심을 억누르진 못했다. 신뢰가 쌓인 이후에는 특별한 거부감이나 제약 없이 가슴과 가슴으로 대화하며 남북관계사의 여러 분수령들을 쉴 새 없이 넘나들었다. 북한에 대해 눈으로 보고 머리로 판단하는 것이 아닌, 가슴으로 보고 마음으로 판단하고 이해하고자 했다.

남북관계를 연구하는 학자로서 그만큼 행복한 시간은 없었다. 그러나 다른 한편으로 감당할 수 없는 좌절감에 힘겨운 시간이기도 했다. 알면 알수록, 확인하면 확인할수록 북한 사회와 체제는 강고했고 인민들의 국가권력(정치지도자-수령)에 대한 충성도는 높았다.

"기네스북에 등재되었다는, 10만 명이 동원된 세계 최대, 최고의 대집체극 '아리랑'을 본 사람이면 북한의 집단주의가 무엇인지 어렴풋하게나마 이해할 수 있을 것이다" "고도의 집단주의와 충성심은 온전히 자발적인 것들이다. 북한 체제와 구조를 제대로 이해한다면 그 모든 집단주의와 충성심, 자발성들의 근거와 배경이 충분히 눈에 들어오고 그 구조를 이해할 수 있다"와 같은 이야기들을 온전히 제대로, 아무런 오해 없이, 우리 국민들에게 거부감 없이 설명할 수 있을까?

우리 국민들은 아마 이해하지 못할 것이다. 적대적 분단이 강요하는 '북한 무지'의 악순환 속에서는 '죽었다 깨어나도 이해하지 못할 것이다'가 내 결론이었다. 적대적 분단 때문이다. 적대적 분단은 북한을 '구조적 무지와 체제적 왜곡의 영역'으로 만들었다. 그래서 북한을 온전히 존재하고 있는, 있는 그대로의 모습으로 보지 않고 우리의 기준과 가치관으로, 우리식 양식으로 이렇게 비판하고, 저렇게 비난하고, 힐난하고, 혐오하고, 손가락질하고 결국 '나쁜 놈'들로 규정하고 만다. '다름'은

'틀림'으로 인식되어진다.

우리나라에서는 제대로 된 북한 전문가를 찾기가 매우, 정말 매우 어렵다. 선정적이고 편향된, 진리와 진실을 가벼이 여기는 오염된 전문가들, 사실은 아무것도 모르는 전문가 아닌 전문가들이 난무한다. 북한 문제는 제멋대로 소설처럼 이야기해도 누구도 문제를 제기하지 않는, 오히려 권장받는 영역이다. 세련되게 비난만 잘 하면 된다. 아무도 책임을 묻지 않는다.

객관적으로 북한을 정확히 보고자 하는 전문가들조차 사회적 분위기에 편승하여 종북이니 좌빨이니 하는 레드콤플렉스와 매카시즘의 사회 분위기로부터 자유롭지 못하다. 항상 눈치를 보고 자기검열을 한다. 적당히 타협한다. 적당한 타협은 왜곡의 출발이다. 충격이 있더라도 제대로 정확하게 설명하고 이해시킬 필요가 있다.

2. 우리는 북한을 얼마나 알고 있을까?

오래전부터 정말 진지하게 우리 사회에 던져보고 싶었던 질문이다. "우리는 북한 체제와 제도, 사회, 경제, 문화, 사회운영의 작동원리와 구조 등 그 진짜 모습의 10%라도 제대로 알고 있을까?" 만약 누군가가 "우리는 북한에 대해 '총체적 무지'에 빠져 있다"고 이야기하면 우리 국민들은 어떻게 받아들일까?

유감스럽게도 우리 사회의 북한에 대한 '총체적 무지'는 '실재'고 '현실'이다. 남북관계가 대립적이고 적대적인 관계로 전환된 이후에는 총체적 무지와 왜곡, 오도가 일반화되어 진실을 이야기하려면 돌을 맞을 각오를 해야 한다.

그러나 엄혹한 정치군사적 대립 상태에 있는 남북관계에서는 북한을 제대로 모르면 재앙이 될 수 있다. 잘못된 대북정책은 군사적 긴장과 전쟁을 현실화한다. 대부분의 전쟁은 무지로부터 출발한다. 상대를 제대로 알면 공포의 균형으로 전쟁이 나지 않는다.

여기서 '모른다'의 의미는 북한 사회의 체제작동의 근간과 체제적 특수성, 선군정치로 상징되는 북한의 군대와 국방력 등의 거대한 바탕을 '모른다'는 의미다. 나아가 북한 사람들이 생활의 원리로 체현하고 있는 주체사상과 유일집단체제의 작동원리, 그들의 국가관, 지도자와 권력에 대한 인식, 역사적·사회적 가치관 등을 '너무 모른다'는 의미다.

북한에 대한 총체적 무지

남과 북은 엄연히 상호작용의 관계에 있다. '옳고 그름'의 이분법적 흑백논리로 치환할 수 없는 대등한 관계와 구조다. 우리 사회 내부적으로는 북한을 부정하고 폄훼할 수 있지만 공식적인 대화의 테이블에서는 불가능하다. 때에 따라서는 오히려 그 역전적 현상, 즉 북측이 우리를 부정해버리는 경우도 발생한다. 그것이 엄존하는 남북관계의 현실이다.

남과 북은 많이 다르다. 그 '다름'을 우리는 '틀림'으로 일반화시켜버린다. 분단체제가 강요한 획일적 사고와 이분법적 흑백논리에 따른 선악적 구분의 폐해다. 남과 북의 다름은 근본적으로 정치체제와 사회제도의 다름에서부터 문화적 생활양식과 양 사회가 추구하는 가치규범조차도 다른, 똑같이 발음되는 언어의 의미조차 다를 수 있는 '다름'이다.

우리 사회의 '자유'의 개념과 북한 사회의 '자유'의 개념은 다르다. '노동'과 '고용', '경제'의 개념도 다르다. 북측에는 '임금'이라는 개념은 아예 없고 다만 '생활비'라는 개념이 있을 뿐이다. 우리는 그 모든 '다름'을

'다름'으로 보지 않고, '틀림'으로 부정해버리고 만다. 결국 그런 '부정'이 축적되어져 '총체적 무지'로 발전했다.

더불어 '모른다'는 의미는 실질적으로 우리식 기준의 국가 경제지표와 사회적 지수들이 북한에서는 거의 발표되지 않고, 철저히 베일에 가려져 있는 것과 무관하지 않다. 북한은 1960년대부터 국가의 주요 통계나 경제지표, 지수 등을 특별한 경우를 제외하고는 공개하지 않는다. 그것은 북한이 택하는 국제정치적 이해관계의 전략적 판단에 근거한 것이다. 결국 북한과 관련된 거의 모든 지수나 지표들은 추정에 추정을 더한, 매우 많이 가공되어진 것들이다. 다시 말해 거의 신뢰할 수 없는 것들이 대부분이다.

이러한 총체적 무지가 적대적 대북정책과 만나면서 어느 순간부터 북한은 더 이상 평화와 통일의 일 주체도, 공존공영할 상대도, 대화의 온전한 파트너도 아닌 존재가 되었다. 결국 전통적인 반공·반북 이데올로기의 연장선에서 북한은 이분법적 흑백논리에 근거한 '악'일 뿐이다. 그것도 아니면 참으로 어처구니없는 '찌질이', 완벽한 '루저'(Loser : 패배자)일 뿐이다.

남북이 평화적인 관계였던 시기에 북한에 대한 우리 국민들의 보편적 평가와 인식은 그렇지 않았다. 상호존중의 정신에 입각하여 우리와 함께 민족공동번영과 평화통일의 새로운 역사를 써 가야 할 대등한 주체였고 화해협력의 상대였다. 북측 자체 내부적인 변화로 본다면 북한은 지난 10여 년 동안 경제적으로나 사회문화적으로 많이 변화하고 긍정적 측면에서 상당한 발전이 있었다. 그럼에도 왜 북한은 우리 사회에서 완벽한 실패자, 루저가 되고, '찌질이'와 '악'으로 상징화, 이미지화 되었을까?

분단은 비정상적 체제다

적대적 분단체제가 부활했기 때문이다. 이명박 정부 이후 대북정책이 대립정책으로 급변하면서 '평화'의 자리에 '긴장'과 '적대'가 들어섰다. 평화-통일교육의 자리에 분단교육, 안보교육이 자리 잡았다. 전면적인 반북, 반통일 담론이 사회문화적으로 확산되었다. 민족공동번영과 평화와 통일의 역사적 이정표였던 6.15와 10.4선언은 간단히 부정되었고, 북한을 조롱하고 비난하고 이질감을 조장하는 드라마, 영화 등이 흘러넘쳤다.

정부기관에 의해 간첩사건이 조작되고 멀쩡한 국회의원이 국가반란과 내란죄로 기소되고, 민주주의의 기본을 부정해버리는 '정당 해산' 사건이 발생했음에도 국민들은 간첩죄, 내란죄, 국가반란죄 혐의의 서슬퍼런 칼바람 앞에 누구도 숨조차 제대로 쉬지 못한다.

최첨단 과학기술사회, 고도화된 인터넷 기술을 바탕으로 글로벌화된 SNS(Social Network Service)를 통해 전 세계적 차원의 실시간 정보가 공유되는 21세기 대명천지에 이런 비극이 발생하고 있는 것이 바로 2015년 분단체제, 대한민국의 오늘, 우리들 모습이다. 미국과 유럽을 비롯해 전 세계 사람들이 북한을 마음대로 여행하고 있는데, 외국의 대학생들이 북한을 여행하면서 평양의 김일성 주석 동상 앞에서 '강남스타일' 춤을 추며 인증 샷을 자신들의 페이스북과 트위터, 유

튜브에 마음껏 올리고 있는데 오직 우리 대한민국 국민들만 북한을 가보지 못한다. 북한이 방문을 막는 것이 아니라 우리 정부가 일체의 접촉을 가로막고 있다.

북한을 제대로 알아야 한다. 행복해지기 위해서다. 남북관계를 제대로 알아야 한다. 행복의 전제조건인 평화를 위해서다. 남북관계와 북한 문제는 평화의 영역이자 안보의 영역이다. 평화와 안보는 국민생존권이 걸려 있는 절대국익의 영역이기에 이 문제를 둘러싼 사실관계들은 어느 영역보다 정확하게 국민들에게 알려져야 한다.

북한은 무너지지 않는다. 가능하지도, 가능할 수도, 가능해서도 안 된다. 우리가 진정 남북관계와 평화-통일의 문제를 국민행복의 관점, 총체적 국가발전의 관점에서 고민하고 바라본다면 그렇다. 흡수통일론은 이념대결을 부추기는 반평화, 반통일의 논리다. 흡수통일론을 전제로 한 '통일비용론'도 마찬가지다. 잘못된 '통일' 개념을 상정해놓고 통일세금이라는 왜곡된 폭탄을 국민들에게 들이대면서 반통일을 협박하는 것에 다름 아니다.

통일은 평화다. 평화가 통일이다. 제대로 된 통일은 '평화'라는 오랜 과정을 거쳐 마침내 오는 마지막 결과물이다. 결국 통일은 수십 년에 걸친 오랜 기간의 '평화'이며 '평화 과정' 그 자체가 통일이다. 통일과 평화에는 한 푼의 돈도 들지 않는다. 오히려 엄청난 경제적 상호번영이 기다릴 뿐이다. 남측의 자본과 기술, 세계 최고 경쟁력의 북측 노동력(생산성)과 무궁무진한 국가 소유의 토지, 추정 불가능한 지하자원의 시너지 효과들이 만나 경제 번영의 새로운 역사를 만들어 갈 수 있다. 그 과정은 철저히 남과 북의 '유무상통'(有無相通) 과정이 될 것이다.

분단 70년의 질곡만큼이나 역설적으로 평화가 제도화되는 순간 남북간 민족공동번영의 엄청난 발전과 성장, 품격 높은 새로운 한반도 시대가 열리게 된다. 애초부터 '퍼주기' 담론은 왜곡이었다. 우리가 퍼주는 것이 아니라 오히려 퍼왔다. 개성공단의 실증적 경험을 보면 자명한 사실이다. 온전히 제도화될 경우 북한이 1을 벌 때 우리는 10을 번다.

평화와 통일? 상호존중이면 모든 것이 해결된다

상상할 수 없는 민족 대번영의 엄청난 기회들이 우리 눈앞에 있다. 평화가 통일이고 평화가 대박이다. 그런데 그 평화란 게 너무나 간단하고 쉽다. 엄청난 국가적 비용도 필요 없고, 특별한 국가적 노력과 국민들의 각고의 인내가 필요한 것도 아니다. '상호존중'의 정신 하나면 된다. 남과 북이 서로를 있는 그대로의 모습으로 존중하는 자세만 가지면 모든 것이 해결된다.

'상호존중'은 서로 적대시하지 않겠다는 것이다. 우리는 우리식 질서인 자본주의 경제질서와 자유민주주의적 가치질서를 추구하고, 북측은 북측대로 사회주의 경제와 인민민주주의의 사회발전 논리들을 추구해 가는 것이다.

남북 간의 평화와 통일을 위한 네 번의 역사적 합의였던 1972년 7.4남북공동성명, 1991년 남북기본합의, 2000년 6.15공동선언, 2007년 10.4선언의 공통점을 하나의 단어로 압축하면 그것이 바로 '상호존중'이다. 평화와 통일은 '상호존중'의 정신과 원칙, 태도 이 하나로 시작되고 또 완성된다. 북이 원하는 것도 바로 상호존중이다.

남북이 상호존중하는 순간 평화, 즉 실질적 통일은 시작되고 또 통일의 완성까지 나아가게 된다. 결국 상호존중의 정신과 평화가 가져다줄 엄청난 국가발전과 국민행복의 여러 상황들은 아는 만큼 보이고 전망할 수 있다.

3. 개성공단을 보면
남북의 평화와
통일이 보인다

총체적 북한 무지, 그것이 결과 지을 전쟁 위기들을 목도하면서, 그 무지를 어떻게 극복할 수 있을까 고민하다 책을 내기로 했다. 정치군사적 대립과 적대가 아닌, 아는 만큼 보이는 북한에 대한 이해와 사실들을 소개하고 싶었다.

개성공단은 남북의 근로자들이 10여 년 이상 지속적으로 같은 사무실과 생산현장에서 함께 일상적 소통과 교류, 생활을 해온 유일한 곳이다. 남과 북, 70년 분단체제의 수많은 '다름과 차이'들이 만나 상당한 소통과 교류를 해온 곳이다. 향후 남북의 평화정착 과정에서 여러 많은 '차이와 다름'들이 어떻게 조화롭게 융화할 수 있을지에 대한 선험적 사례, 모델들이 축적되는 곳이다.

개성공단은 남북의 행복한 평화경제와 남북 주민들 간의 작은 통일들이 매일매일 쌓여가는 곳이다. 개성공단은 평화와 통일의 용광로이다. 지금 이 순간에도 개성공단은 비정상적이나마 돌아가고 있다.

개성공단 10여 년의 역사 속에서 남과 북이 힘을 합쳐 공단을 평화의 상징으로, 민족공동번영의 전초기지로 만들고자 노력했던 초기 5년의 모습은 개성공단이 정상적으로 돌아가던 시절의 모습이다. 2008년 이명박 정부 출범 이후 대립적 남북관계가 전면화되면서 개성공단도 비정상적으로 운영되고 있다. 그럼에도 불구하고 개성공단은 제한적인 상황에서나마 여전히 남과 북의 5만 3,000여 근로자들이 함께 부대끼며 생활하고 있다.

개성공단은, 사실상 '기적의 장소'라 할 수 있다. 이토록 엄혹한 남북의 적대와 대립이 심화되는 상황 속에서도 장난처럼 개성공단은 남과 북의 수많은 민간인들이 함께 웃고 떠들고 이야기하면서 민족의 내일, 평화와 통일의 미래들을 만들어가고 있다. 개성공단의 관점에서 보면 휴전선을 중심으로, 남북이 상호 총부리를 겨누고 있는 첨예한 군사적 대치 상황은 참으로 허무맹랑한 장난 짓, 어릴 적 병정놀이쯤으로 보인다.

다름과 차이의 공존, 서로가 배워가는 개성공단

이 책에 인터뷰로 소개되는 개성공단 남측 주재원들은 모두 일반인들이다. 따로 북한에 대해 교육받고 특별한 임무를 갖고 개성공단에 들어간 것이 아니라 개성공단 입주기업의 일반 근로자로 생활하면서 접하게 된 개성공단과 북측 근로자들과의 만남을 그들의 눈높이에서, 있는 그대로 가감 없이 담았다. 오랫동안 반공교육을 받았고, 그 결과 적지 않은 반북의식을 갖고 있는 일반 국민의 눈높이에서 만나게 된 개성공단과 북측 사람들에 대한 이야기들이기에 때로는 다소 투박하고 북측에 대한 오해와 곡해의 여러 지점들도 없지 않다. 그러나 이 책은 그 모든 것을 있는 그대로 보여줄 수 있다고 믿는다.

왜 사람들의 이야기인가? 북측의 체제와 제도, 그들의 사회구조와 운영의 원리 등은 실제로 그 속을 살아가는 삶의 양식으로 나타난다. 사람들의 이야기여야 체제와 제도까지 보여줄 수 있기 때문이다.

남측 주재원들은 북측 땅인 개성공단에 들어가면 그곳의 법과 제도, 가치관, 삶의 양식 등을 보고 배우게 된다. 로마에 가면 로마법을 따라야 하듯, 개성공단에 가면 북측의 문화·관습, 법·제도 등을 초보적 수준에서나마 이해하고 알아야 한다. 우리가 일상적으로 쓰는 '북한'이라는 말조차 북측 사람들에게는 매우 낯설고 불쾌하게 받아들여지는 곳이 바로 개성공단이다.

남한과 북한을 부르는 중립적 용어는 '남측', '북측'이다. 2000년 9월 남북 언론교류가 활발하던 시절에 남과 북을 중립적으로 지칭하기 위해 남측의 언론사 기자협회, PD협회 등이 공식적으로 사용하기로 한 용어다. '북한'이라는 용어는, 그들이 우리를 '남조선'이라고 부를 때 우리가 느끼는 딱 그만큼 어색하고 좋아하지 않는다.

'노동'의 개념이나 고용관계, 기업구조 등도 남북은 서로 다르다. 기업의 성공과 실패는 결국 우리 기업들이 얼마나 북측을 잘 이해하느냐에 달려 있다.

이 책에서 소개하는 내용들은 개성공단에서 생활하는 남측 주재원들의 일상적 삶의 태도와 양식이다. 개성공단의 우리 기업과 근로자들은 북측 사회에 대한 이해와 인식의 지평을 넓히려는 노력을 한다. 개성공단이 북측 땅이기 때문이다. 개성공단 입주기업의 남측 주재원들이 가져야 할 기본적인 태도 몇 가지를 소개하면 다음과 같다.

첫째, 북측의 체제와 제도, 사상, 문화 등을 비난하는 행위는 금기다. 북측은 나름의 체제 작동논리가 있는 엄연한 국가이고 부정할 수 없는 국가 존엄이 있다. 분단 70년의 대립적 관계로 살아온 상대방에게 부정·비난당하는 것은 참기 어려운 모욕이다. 더불어 북측 사람들의 인신 문제나 생활형편에 관한 문제는 가급적 언급을 지양한다. 그런 표현은 상대적 우월감 혹은 역으로 열등감을 내포하고 있어 신뢰관계를 깨게 된다.

둘째, 남과 북의 여러 다양한 '차이와 다름'들을 '옳고 그름' '맞고 틀림' '선과 악'의 이분법적 흑백논리, 대립적 관계로 인식하지 않으려는 노력이다. 마음속에 자리한 반감, 적대, 폄하, 비하적 태도는 금물이다. 그런 여러 '다름'들에는 북측의 집단주의 가치와 남측의 개인주의 가치관, 남측의 사유재산 개념과 북측의 공동소유 개념, 남측의 소유권 개념과 북측의 사용권 개념, 물질과 정신에 대한 인식의 차이, 생산성의 동기부여로써 정치도덕적 자극과 물질적 인센티브 중 무엇을 우선할 것인지의 차이, 교육과 경쟁에 대한 인식이나 평가 등이 포함된다. 이러한 차이들은 그냥 '다를 수 있다'라고 인식하면 되는 것들이지만 그 '다름'은 처음에는 낯설게 다가든다.

물리학에서 '차이'는 에너지 발생의 근원이다. 개성공단에서 공존하는 남과 북의 차이를 어떻게 다루고 어떻게 관계를 가지느냐에 따라 그 차이들은 남북 공동번영의 새로운 에너지가 될 수도 있다.

셋째, 모든 인간관계가 '상호작용'의 관계이듯이 남북 근로자의 관계도 상호작용의 관계이다. 결국 우리 스스로 먼저 북측 사람들에 대해 상호존중과 호의적 태도로 접근해야 한다. 진심 어린 존중의 마음, 포용의 마음, 관용적 태도들이 관계를 발전시킨다. 내가 호의를 가질 때 상대방도 호의를 가지고, 내가 경계심을 가지면 상대방도 경계하며, 내가 적의를 가지면 상대방도 적의를 가진다.

북측 사람들의 가치관과 사고방식을 모르면 오해가 생길 수 있는 여지가 많다. 일반적으로 그런 오해들은 기본적인 신뢰가 부족한 상황에서, 무시 받았다는 느낌을 갖게 될 때 발생한다. 대부분 나의 기준, 나의 사고방식과 가치관으로 상황을 평가할 때 발생하는 오해들이다. 남과 북의 가치기준이 여러 상황에서 다를 수 있음을 잊지 말아야 한다.

넷째, 북측은 사회 전체를 '사회주의 대가정'이라고 인식하고 또 표현한다. 우리가 이해하든 하지 못하든 어버이 수령을 중심으로 한 전 사회의 대가족 개념이 그것이다. 북측 사회를 '유교적 사회주의 체제'라고 평가하는 경우가 있는데, 북측의 집단주의 내면에는 '우리는 가족'이라는 인식이 저변에 깔려 있는 것이다. 이런 상황을 감안하여 남측 기업주가 북측 성원들을 같은 기업의 한 가족처럼 인식하면 생산성은 분명 많이 올라온다.

결국 우리 기업들이 어떻게 하느냐에 따라 기업 생산성과 안정적인 기업운영이 제도화될 수 있다. 가슴과 마음으로 주는 것은 결코 사라지지 않는다. 그것은 상대방의 가슴과 마음에 저장된다. 내 마음의 문을 여는 손잡이가 내 마음 안에 있듯이, 상대방의 마음의 문을 여는 손잡이도 그들의 마음 안에 있다. 그들 스스로 마음의 문을 열게 해야 한다. 그들을 알고 존중하면 된다.

때 묻지 않은, 순수하고 선한 북측 사람들

기본적으로 북측 사람들은 남측 사람들보다 타인에 대해 예의바르고 호의적이며 순수하다. 순박하고 선하고 진실하다. 때 묻지 않은 그런 순박함 때문에 때로는 사람과 사람 간의 갈등 해결방식이 다소 투박하고 세련되지 못하게 나타나는 경우도 없지 않다. 우리처럼 고도의 경쟁사회에서 살아온 사람들이 아니어서 개인적 경쟁심은 별로 없다. 다만 집단적 경쟁심은 남다르다. 돈과 자본의 가치개념이 희박한 것도 사실이다. 이제 배우는 수준이다. 그들의 입장에서 보면 우리 남측 사람들은 '모든 것에 돈, 돈, 돈만 앞세우는 참으로 정 없고 야박한 사람들'이다. 이해할 수 있을지 모르겠다.

분단 70여 년의 대립과 적대, 군사적 충돌의 역사 속에서 남북 모두 심각한 피해의식이 있다. 양측 모두 내면화된 경계감과 대립감이 없지 않다. 우리 국민들은 이해하지 못하겠지만, 좀 더 정확히 평가하면 우리보다 북측 사람들이 더 큰 피해의식을 갖고 있다. 그 피해의식은 깊고 크다. 다만 지난 시기의 그런 적대와 대립을 넘어 화해협력과 평화로, 통일로 가야 된다는 열렬한 신심들이 있다. 그들은 자신들의 그 모든 힘겨움을 해소할 수 있는 유일한 대안이 바로 평화와 통일에 있다는 확신들을 가지고 있다.

남과 북의 '다름'은 체제와 제도 등의 형식만 다른 것이 아니라 역사 인식, 국가와 사회에 대한 인식, 사람의 사회적 의미, 삶에 대한 가치관, 교육과 배움에 대한 인식, 진·선·미의 가치판단, 그러한 가치판단의 기준이나 옳고 그름의 가치규범과 기준, 사물과 사건에 대한 인식의 태도, 관점 등도 다르다. 참으로 다양한 많은 '다름'들이 일상적으로 공존하고 있는 것이 개성공단이고 남북관계다.

예를 들어 북측에서 언론은 인민에 대한 사회교양적 역할을 한다. 따라서 사회 고발성 기사가 많은 남측 언론은 그들에게는 매우 이상한 모습이다. 배고픔과 물질의 결핍에 대한 반응에도 차이가 있다. 어떤 대가를 바라는 원조는, 그들이 보기에는 원조가 아니다. 상호주의에 대한 이해와 태도도 다르다. 북측 사람들은 상호주의를 매우 계산된 이해타산적 행위라며 싫어한다. 따라서 상호주의로는 신뢰가 쌓이지 않는다고 생각한다. 집단 우선의 자유와 개인 우선의 자유, 돈에 의한 자유와 당성·사상성에 의한 자유, 국가 지도자에 대한 태도나 선거의 절차와 과정에 대한 이해 등도 우리와 많이 다르다.

도로교통 질서에 대한 관념도 우리와 다르다. 개성공단 초기 북측 사람들은 "우리는 눈이 기준입네다. 사람 눈이 가장 정확합네다"라고 말하곤 했다. 제도와 법을 기본으로 인식하는 우리와 달리, 그들은 빨간 신호가 들어와도 차가 없으면 길을 건넌다. 만일 그런 그들에게 한마디를 하면, "차량은 눈 닦고 봐도 없는데 왜 바보같이 우두커니 서서 안 건너십네까?"라는 타박이 돌아온다. 개성공단 내에서의 교통법규에 대한 약속과 합의가 없던 시절, 우리는 신호등을 무시하고 건너는 그들을 우리 기준에서 미개하고 무질서하다고 폄하했다. 우리 기준의 일방적 규정이고 몰이해였다.

남측의 '상식'과 '보편'은 북측에서도 '상식'과 '보편'일까?

개성공단에서 생활하면서 늘 잊지 말아야 하는 기본 태도가 있다. 남측의 상식이 북측에서는 몰상식이 될 수 있고, 남측의 보편적 기준이 북측에서는 특수한 기준이 될 수도 있다는 상대적 원리에 대한 이해와 체화된 사고다. 또한 우리의 '규범'과 '상식'도 마찬가지다. '보편'과 '특수', '이상하다'와 '이상하지 않다'의 차이는 '소수'냐 '다수'냐의 차이일 뿐이다. 또한 다수가 항상 선이고 옳은 것도 아니다. 소수는 소수대로 존중받아야 한다. 협상을 하면서 늘 충돌되는 가치였던 '보편'과 '상식'은 사실 우리만의 '보편'과 '상식'일 뿐이었다.

개성공단에서 북측 사회와 사람들을 보면서 그들의 사회문화적 수준과 상황이 우리와 약 20~30여 년 정도의 간극이 있다는 생각을 자주 했다. 그들 속에서 우리네 1980년대의 사회적 가치와 문화적 양식들을 자주 보곤 했기 때문이다. 음주와 흡연문화, 사람들 간의 관계와 공동체 의식, 남녀관계와 관존민비적 사고, 충과 효에 대한 가치 평가의 태도, 연애와 애정표현, 법과 행정의 수준·시스템 등 여러 측면에서 그렇게 보였다. 무엇보다 공동체와 집단에 대한 태도, 집단을 위한 개인의 헌신과 희생 등은 매우 큰 차이이자 강한 특징으로 보였다.

돈과 물질이 우선인 사회, 정신과 도덕이 우선인 사회

반대로 모든 것을 돈 중심으로 사고하고 판단하는 것에 대해 북측 사람들은 매우 낯설어한다. 많이 바뀌고 있기는 하지만 여전히 그들의 내면에는 돈 중심적 사고가 천박하다는 인식이 깔려 있다.

개성공단에서 일하는 북측 근로자들에게 개성공단에서의 노동의 동기, 의미에 대해 물어보면 대부분 '민족경제 발전에 기여하기 위해서'나 '평화적 남북관계 발전과 통일에 이바지하기 위해서'라고 대답한다. 본인들이 일을 함으로써 임금(북측에서는 '생활비'라고 한다)을 받아 생활한다는 기본관념은 거의 없다. 그들은 국가적 조치에 의해서 직장에 파견, 소임(그들은 '분공'이라고 한다)을 받아 일하러 온 것이다. 즉 노동의 대가로 임금을 받는 것이 아니라 국가가 맡긴 사회적 소임을 하고 그에 따라 자신의 생활비를 국가가 책임져준다고 생각한다.

최근 북측의 경제개혁조치들이 개인노동을 중시하고 사회 전체적으로 독립채산제 개념이 확산되면서 이러한 경향성들이 퇴조하고는 있지만 생활비를 국가가 책임진다는 근본인식에는 큰 변함이 없다.

북측 근로자들은 기업-근로자 관계를 '고용-피고용' 관계로 설명하는 것에 당혹해한다. 사회주의 체제에는 돈으로 사람의 노동력을 산다는 고용 개념이 없기 때문이다. 북측에서 개인 근로자들은 지역단위 인민위원회나 당이 지역 실정에 맞게, 개별 인민의 역량과 소질에 따라 기업소나 각종 기관, 사업소에 행정적·공적 차원에서 배치하는 것이다. 개인은 인민위원회와 당의 조치를 받들어 기업소에서 일할 뿐이다.

'임금을 주고 노동을 산다'는 자본주의 개념은 북측에서는 '돈으로 사람을 산다'는 불쾌한 개념으로 받아들여진다. 우리 기업주들이 '임금을 주고 내가 고용한 사람'으로 북측 근로자를 인식, 간주하면 반드시 갈등관계에 빠진다. 하지만 개성공단에 입주하는 우리 기업이나 남측 주재원들에 대해 정부 차원에서 이런 기본교육을 사전에 제대로 한 적이 거의 없다. 이 때문에 많은 입주기업들이 개성공단에 들어온 초기에 거의 이와 같은 갈등을 겪곤 한다.

나아가 생산성 향상에 물질적 인센티브만 강조하는 것도 적절치 않다. 많이 변화하긴 했지만 사회주의 경제에서는 생산성 제고와 관련하여 "임금 등 물질적 조건은 노동생산성 향상의 근본조건이 아니"라고 설명한다. 사람의 노동생산성을 분발시키는 것은 첫째가 정치·도덕적 자극이고 둘째가 물질적 자극이다. 2002년 7월 1일의 '경제관리개선조치(실리사회주의)' 이후 변화하고 있기는 하지만 근본적으로 정치·도덕적 자극을 우선하는 사회적 기풍이 있다. 사회주의헌법 제32조는 경제 분야 관리에서 정치·도덕적 자극과 물질적 자극을 옳게 결합시키는 지도와 관리의 원칙을 강조하고 있다.

북측 사회를 설명하는 가장 큰 특징이 국가 중심의 집단주의 체제다. 북한의 집단주의는 주체사상을 정신적 바탕으로, '우리식 사회주의와 선군정치'를 중심으로 '온 사회가 한 가족이라는 공동체 의식', '사회주의 대가정'으로 일심단결하는 초고도의 집단주의로 발현된다. 북측 '인민'들은 사람 중심 및 자주성의 철학을, 조직관으로는 집단주의 생활원리를, 지도자관으로는 국가수뇌부에 대한 절대 충성의 자세를, 체제관으로는 조선민족 제일주의와 우리식 사회주의에 대한 우월적 인식 등을 보편적 사고와 가치관으로 정립하고 있다.

북측 체제는 이러한 고도의 집단주의 체제를 구현하는 가장 핵심적 기제와 동인으로 전체 인민에 대한 일상적이고 반복적인 사상학습을 의무화했다. 즉 사상학습을 일상생활의 사회규범적 가치로 보편화함으로써 그것이 통제와 강제가 아닌 자발성과 자율성에 근거하여 일상적으로 작동할 수 있도록 구조화한 것이다. 이러한 고도의 집단주의는 기네스북에 등재된 세계 최대의 대집체극 '아리랑' 같은 것으로 체현된다. 세계 유수의 비평가들은 '아리랑'을 두고 어릴 적부터 집단주의 사회문화와 기풍에서 자란 북측 사람들이 아니고서는 전 세계 어느 나라도 구현할 수 없는 것으로 평가한다.

많은 탈북자들을 면접 조사해보면, 그들은 신분상 제약에도 불구하고 북측의 집단주의와 체제의 강고함을 매우 높게 평가한다.

첫째, 주체사상의 '철학적 측면'에 대해 현재의 북측 주민들의 내면화 상태는 '상당히 높은 수준'으로 평가한다. 너불어 주체사상이 북측 주민들의 의식 속에 '당연한 것'으로 받아들여지고 있으며, 개인의 '궁극적인 가치관'으로 자리 잡고 있다고 평가한다.

둘째, 집단주의와 '우리식 사회주의' 생활원리도 상당히 높이 실현되고 있는 것으로 평가한다.

셋째, 북측 인민들의 수령관, 즉 수뇌부에 대한 충성심은 "열렬하며 결코 무시할 수 없다"고 평가한다. 북한 체제를 연구하는 다른 여러 학자들도 주체사상은 북한 주민의 내면에 가장 깊숙이 파고들어가 있는 삶의 일부이자 전부라고 평가한다.

한마디로 북한이 매우 강고한 국가체계를 유지하고 있음을 부정할 수 없다는 것이다. 그런 북한에 대한 제대로 된 정확한 이해가 남북평화의 절대 국익을 구현해가는 첫 출발이 된다는 점을 강조하고 싶다. 대립적 관점에서 윤색되고 오염된 북측에 대한 왜곡과 오도는 그 자체가 평화를 깨는 것이고, 안보를 깨는 자해행위가 된다. 안보적 대치상황에 놓여 있는 상대방에 대한 정확한 이해와 분석 없이 어떻게 엄중한 평화와 안보, 국방을 이야기할 수 있겠는가?

북측의 체제·사회·문화·인민들에 바른 이해와 인식을 바탕으로 세계사적으로도 유례가 없는 최초의 경제협력사업(자본주의·사회주의 체제, 제도·문화·인간의 만남)인 개성공단을 성공적으로 발전시켜야 할 책임들이 개성공단의 남북측 근로자들에게 있다. 마찬가지로 남과 북이 상호존중의 정신을 바탕으로 민족공동번영의 새로운 역사를 써가야 할 과제가 우리 모두에게 있다. 그 출발이 바로 '상호존중'의 자세다. 상호존중의 정신을 바탕으로 남북 간에 평화가 제도화되면 남북경협의 전면화를 통해 우리에게는 제2의 한강의 기적이, 북측에게는 대동강의 기적이 가능하다. 남북 모두가 윈-윈(Win-Win)하는 민족공동번영의 품격 높은 새로운 역사가 열리게 되는 것이다.

<개성공단 약사>

개성공단 정상화 시기		
2000.	08	현대아산-조선아태평화위, 민족경제협력연합회 3자간 '공업지구건설합의' 체결
2002.	11	북측, '개성공업지구법' 제정
2003.	06	개성공단 1단계(100만 평) 개발 착공식
2004.	05	1단계 내, 시범단지(9만 3,000㎡) 분양
2004.	10	개성공단 관리위원회 개소
2004.	12	개성공단 첫 제품 생산
2005.	03	개성공단 전력공급 시작(시범단지1.5만㎾)
2005.	08	본단지 1차(16만 9,000㎡) 분양
2005.	12	KT통신 개통
2006.	11	북측 근로자 1만 명 돌파
2007.	05	남측, '개성공업지구 지원에 관한 법률' 제정
2007.	06	본단지 2차(175만㎡) 분양
2007.	06	전력 10만㎾ 송변전시설 준공
2007.	10	10.4남북공동선언
2007.	10	1단계 기반시설 순공(용수·전력·통신·환경 등)
2007.	11	기술교육센터 준공
2007.	12	문산역~판문역 간 화물열차 정기운행 개시
2007.	12	'개성공업지구지원재단' 설립, 개성공단 정배수장 준공
2007.	12	개성공단 협력분과위원회 제1차 회의(기숙사 건설 합의 등)

개성공단 비정상화 시기		
2008.	03	통일부장관 "핵문제 타결 없이 개성공단 확대 불가", "개성공단 중단 무방" 발언
2008.	03	북측, 통일부장관 발언 빌미, 개성공단 주재 남북경제협력협의사무소 남측 당국자 철수 요구

2008.	07	금강산 관광객 총격 사망
2008.	10	북측, "남측의 대북전단 살포로 개성공단 사업에 부정적 영향" 발표
2008.	11	북측 국방위원회 정책국장 일행 공단 현지실태 점검
2008.	11	개성관광 중단
2008.	12	북측 '12.1 조치' 시행, 개성공단 체류인원 880명 제한
2009.	03	북측, 키리졸브 한미군사훈련기간 육로통행 차단(3회)
2009.	03	북측, 현대아산 직원 억류(북측 여성 탈북책동 혐의 등)
2009.	05	북측 '개성공단 관련 법규, 계약 무효' 통보
2009.	06~07	제1~3차 개성공단 실무회담, 성과 없이 결렬
2009.	08	현정은 회장 방북, 현대아산 직원 석방(137일 만)
2009.	08	현정은 회장, 김정일 위원장과 '개성공단 재개와 활성화' 등 합의
2009.	09	북측, 12.1조치 해제 발표
2009.	12	남북 해외공단 합동시찰(중국, 베트남)
2010.	02	제4~6차 개성공단 실무회담, 성과 없이 결렬
2010.	03	천안함사건 발생
2010.	04	국방위원회 정책국, 개성공단 실태조사
2010.	05	정부, 5.24조치(남북교류 전면 차단, 개성공단 동결 등)
2010.	11	연평도 포격 발생
2011.	12	김정일 국방위원장 사망 발표(12.17)
2013.	01~02	유엔안보리 제재 및 북측 3차 핵실험
2013.	03	북측, 한미군사훈련 반발, 서해 군 통신선 차단
2013.	03	북측, 남측이 최고 존엄 훼손 시 개성공단 폐쇄 가능성 발표
2013.	04	북측, 개성공단 통행 제한(개성공단 입경 제한, 남측 귀환 허용) 개성공단 잠정 중단, 북측 근로자 철수
2013.	04	개성공단 남측 체류인원 전원 귀환
2013.	07~08	제1~7차 개성공단 실무회담
2013.	09	개성공단 재가동

4. 개성공단은
어떤 곳인가?

개성공단은 2000년 8월 베이징에서 (주)현대아산과 북측 조선아시아태평양평화위원회, 민족경제협력연합회 3자 간에 '공업지구 건설에 관한 합의서'를 체결하면서 시작되었다. 실제 착공은 2003년 6월에 시작되었다.

〈개성공단 단계별 개발계획(안)〉

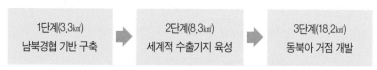

* 개성공단은 북측으로부터 한국토지주택공사가 부지를 매입(50년간 임차)하고 현대아산이 공단조성공사를 한 다음 토지주택공사가 분양을 하는 방식으로 이루어졌다.

개성공단 건설에 대한 최초의 남북 합의는 1단계(공단 100만 평)부터 3단계에 걸쳐 공단 800만 평과 배후도시 1,200만 평 등 전체 2,000만 평의 거대도시(남측의 창원공단과 창원시를 합친 규모)를 만든다는 계획이었다. 하지만 2008년 2월 이명박 정부 출범 후 기존 계획은 모두 중단되었다. 이명박 정부는 '핵문제 진전 없는 개성공단은 한 발짝도 못 나간다'는 '비핵개방 3000' 원칙을 천명하면서 기존의 개성공단 관련 남북합의들을 대부분 무시·부정해버렸다. 결국 개성공단은 2008년부터 실질적으로 비정상적 상태로 들어간다.

대부분의 국민들은 개성공단이 이명박 정부 출범 이후 비정상화되었다는 사실을 모른다. 조금 아는 사람들도 비정상화 시기를 2010년 5.24조치 이후로 인식하지만, 2008년에 이미 개성공단은 실질적으로 모든 것이 동결되면서 비정상화되었다.

현재의 개성공단은 1단계(100만 평)가 한창 건설 중이던 2007년 12월 수준에서 멈춰 있다고 보면 틀리지 않다. 현재 개성공단은 1단계 계획이었던 100만 평의 약 40%의 대지에 공장들이 들어서 있고, 124개의 가동기업(북측 근로자 5만 3,000명)과 70여 개의 영업소들이 운영되고 있을 뿐이다. 나머지 60%는 나대지(지상에 건축물이나 구축물이 없는 대지) 혹은 짓다 만 공장 건축물 상태로 방치되어 있다. 북측은 이러한 우리 정부의 합의 파기에 대해 2008년 이후 지속적으로 문제를 제기하고 있다.

개성공단 진출 기업의 현황을 봐도 마찬가지다.

다음 표의 개성공단 기업 창설·등록 현황은 사실 2008년 상황과 큰 차이가 없다.

⟨기업 창설·등록 현황⟩   (2015. 1월 현재)

	토지분양	창설기업	등록기업	가동기업	영업소
누 계	239	193	142	124	70+

위 표에서 보듯 개성공단은 토지분양 239개사, 창설기업 193개사이지만 실제 가동기업은 124개사에 불과하다. 토지를 분양받아 기업까지 창설했지만 이명박 정부 출범 이후 개성공단에 대한 추가투자와 남북교류협력사업을 실질적으로 동결하면서 이러지도 저러지도 못한 채 손을 놓고 있는 기업이 거의 100여 개에 달한다.

2003년 이후 확대일로에 있었던 개성공단사업이 2008년 이후 실질적으로 동결되면서 개성공단은 졸지에 남북 화해협력과 상생번영의 상징적 공간에서 대립과 갈등의 공간 혹은 '낙동강 오리알' '미운 오리새끼' 등의 신세로 전락했다. 더 나아가서는 대결주의적 남북관계 속에서 방치되는 상황이 지속되었다. 그래서 개성공단의 의의와 특징, 위상과 역할 등을 논의할 때는 종종 2008년 2월 이전 정상적 시기의 개성공단과 이후 비정상화된 현재의 모습이 중첩되어 나타나는 혼란을 겪는다.

개성공단의 의의

개성공단이 정상 가동될 당시 공단은 남북 간 상호존중과 화해협력, 공존공영, 평화번영을 상징하는 남북의 호혜적인 경제프로젝트였다. 더불어 남북 주민간의 일상적 상호관계와 문화적 교호작용을 통해, 자연스러운 통일·평화문화 형성의 계기가 만들어지고 축적되던 곳이었다.

개성공단은 북측 지역임에도 남측이 50년간 토지를 임차하고 개발·관리·운영, 그리고 기업유치 등을 북측으로부터 위임받아 주도적으로 추진하는 곳이다. 북측의 경제관리제도와 달리 '개성공업지구법'을 준거법으로 각종 하위규정과 세칙·준칙 등을 따로 정해 운영하고 있는 남북 간 최초의 경제특구로 이해하면 된다.

그러나 이러한 의의는 2008년 이후 남북관계가 상생과 협력이 아닌 대립과 적대로 바뀌면서 순기능적 평가들은 사라지고 언제부터인가 개성공단을 폄하, 부정하고, 부정적인 측면들을 왜곡, 오도하는 사례가 늘어나면서 하루아침에 '미운 오리새끼'와 '낙동강 오리알' 신세가 되었다. 더불어 개성공단에 대한 의도적 왜곡과 오도가 사회적으로 확산됨으로써 개성공단에 대한 국민들의 오해도 상당히 많이 생겼다.

개성공단 정상화는 근본적으로 남북 당국 간에 평화적 관계정상화가 되지 않는 한 불가능하다. 3통문제(통행, 통신, 통관) 등 개성공단을 둘러싼 물리적 제약요인들은 사실 우리 기업들에게 치명적인 것은 아니다. 무엇보다 치명적인 제약요인은 바로 남북 당국 간의 적대적 관계다. 그것이 매일 개성공단을 불안하게 만드는 핵심 제약요인이다. 개성공단과 같은 남북경협사업들이 가져다주는 민족적, 국가적 차원의 경제적, 평화적, 사회문화적 순기능들을 생각한다면 대립적 남북관계의 상징인 5.24조치 등의 비정상적 조치들은 폐지되어야 한다.

북측에게 개성공단은 어떤 곳인가?

한 가지 꼭 강조하고 싶은 것이 있다. 개성공단의 상징적 의의나 위상에 대해서는 '6.15의 옥동자'나 '호혜적 남북경협 프로젝트' '평화 프로젝트' 등 다양한 평가와 의의들이 있다. 그러나 이것은 대부분 우리의 평가이다. 그러면 북측에게 개성공단은 어떤 의미일까? 개성공단에서 4년간 북측의 관료, 당일꾼, 근로자들과 직접 부대끼면서 체험적으로 배우고 느끼게 된 그들의 인식은, 우리들의 인식과는 차원과 수준이 달랐다.

무엇보다 북측은 개성공단을 단순한 남북경제협력의 장소로 보지 않는다. 그들에게 개성공단은 '분단 60년을 극복하고 새로운 남북평화시대를 열어가는 역사적 상징'이자 '민족통일의 미래를 그려가는 살아 있는 실질적 상징, 최고의 상징'으로서 매우 특별하게 자리매김하고 있다. 우리는 부지불식간에 개성공단을 경제협력의 상징으로 치부하는 태도를 보이지만 그들은 어떠한 상황에서도 '통일'과 '평화'의 가치를 가장 앞에 둔다. 기존의 반공·반북 이념으로 보면 북측 사람들이 이런 평가를 하는 것 자체가 매우 낯설고, 신기하게 들릴시 모른다. 하지만 그것이 진실이다.

김정일 국방위원장은 2007년 남북정상회담 당시 개성공단과 관련하여 "북남경제협력사업은 단순히 경제거래가 아니라 민족의 화합과 통일, 번영에 이바지하는 아주 숭고한 사업이라고 생각한다"고 밝혔다. 더불어 개성공단이 최초의 계획대로 빠르게 개발, 발전되지 못하고 있는데 대한 서운함을 표현하면서 "개성공단이 더 빠른 길로 나갈 수도 있는데, 또 남측에서 의지가 있었으면 더 빨리 나가는데, 거기 정치가 관여됐고, 주변 나라들이 관여됐고 …… 그게(개성공단이) 번영하는 것을 싫어하는 사람들이 많지 않은가. …… 남조선의 재력을 다 모아서 남조선 당국적인 이런 투자가 되어야 한다. …… 그런 경협 문제가 상정 되면 총리급 회담을 하든가 해야 한다'라고 했다.

이와 더불어 북측은 남과 북 당국이 합심하여 좌고우면하지 않고 개성공단의 성공적 개발과 운영의 조속한 성과들을 토대로 정치·군사적 신뢰 구축과 평화체제 수립의 전면적 단계를 열어갈 수 있을 것이라고 판단했다. 이로써 남북 정부 당국이 마음만 먹으면 분단을 확실히 넘어서는 평화관계를 구축할 수 있을 것이라고 확신했다. 북측의 그런 의지가, 우리 측의 단계적 개발계획과 남남갈등의 이견들로 인해 전격 진행되지 못하는 것에 대해 서운한 소회를 드러냈던 것이다.

개성은 통일한반도 연방국가의 수도?

남북의 기존 합의대로라면 2012년에 개성공단 전체 2,000만 평 개발이 끝나고 2,000여 개 기업이 매년 500억 달러 이상을 생산하고, 약 50만 명 규모의 거대도시가 만들어졌을 것이다. 또한 개성공단은 공단과 상업지역을 포함하여 세계적 수출기지와 관광특구로써 동북아 거점 평화도시로 도약했을 것이다.

사실 개성공단 지역은 북측에게는 매우 중요한 군사전략 지역이다. 이런 곳을 국가사회주의 계획경제를 근간으로 하는 북측이 자본주의 자유시장경제를 근간으로 하는 남측에게, 국가지도자의 결정으로 선뜻 내놓았던 것은 그만한 이유가 있었던 것이다. 필자는 그것을 북측이 장기적으로 개성을 '통일한반도 연방국가의 수도'로 잠정 지목하고 있었을 것으로 평가한다. 개성은 남과 북 한반도의 중앙에 위치하며 서울과 평양에서 각각 1시간과 1시간 30분 거리에 있기 때문에 연방정부의 수도로 최적지가 될 수 있다.

북측은 통일방안으로 '고려민주연방공화국'(1980년 10월 조선로동당 제6차 당대회)안을 내놓았다. 소위 '연방제' 통일방안으로 알려진 고려민주연방공화국안은 1960년의 '남북연방제'와 1973년의 '고려연방공화국' 안을 보완하고 체계적으로 다듬은 북측 통일정책의 완성판이다. 북측은 '고려민주연방공화국'이 견지하여야 할 원칙으로 자주, 민주, 중립, 평화를 든다. 특히 서로 다른 사상과 제도의 지역자치정부로 인해 연방국가는 대외적으로 중립노선을 견지해야 한다고 주장한다.

북측은 '고려'를 '조선시대'에 앞서 한반도에 있었던 통일국가로 평가한다. 그러면서 그 연장선에서 남과 북이 새롭게 통일된 나라를 건설함에 있어 그 국호를 '고려민주연방공화국'으로 상정하고 있는 것이다. 사실 북측은 신라의 삼국통일을 우리처럼 높이 평가하지 않는다. 오히려 당나라라는 외세를 개입시켜 민족 주체성을 저해하고 민족의 국가 권역을 매우 축소한 부정적 역사로 평가한다.

여기에서 김정일 국방위원장이 추진한 개성공단의 특징적 의의를 유추할 수 있다. 결국 김정일 국방위원장은 김일성 주석의 통일 유업을 이어받는 관점에서 통일한반도의 미래상인 '고려민주연방공화국'을 염두에 두고 개성을 그 수도로 남북이 함께 개발, 발전시켜가고자 하는 의지를 가졌을 것이라는 평가다.

북측에게 개성공단은 남북통일과 평화의 새로운 역사를 열어가는 첫 단초이자 거대한 구상의 토대로서 그 상징성은 그야말로 엄청난 의미였다고 할 수 있다. 이러한 개성공단의 의의들이 남북대결주의 시대에 들어서면서 전면적으로 퇴색되어가는 과정은 북측에게는 통일과 평화의 미래가 허물어지는 것으로 받아들여졌을 것이다. 북측 내부적으로 개성공단이 비정상화된 것은 6.15와 10.4가 부정된 것만큼이나 실로 엄청난 의미였다.

5. 개성공단에 대한
오해와 진실

개성공단에 대한 오해

1) 개성공단은 퍼주기다?

아니다. 북측에 비해 오히려 우리가 몇 배는 더 많이 퍼오는 곳이다. 매년 1억 달러(임금, 세금)에도 못 미치는 금액을 투자해서 최소 15~30억 달러 이상의 가치를 생산하고 가져오는 곳이다.

명분과 상징으로는 남북이 함께 경제적으로 매우 크게 윈-윈하는 곳이지만, 좀 더 엄밀하고 정확하게 평가하면 우리가 북측보다 몇 배, 몇십 배는 더 많이 벌고, 국가경제적 관점에서 비교할 수 없을 만큼 더 많이 퍼오는 곳이다. 5만 3,000여 명의 북측 근로자 임금과 세금을 합쳐 1년에 약 1억 달러(약 900억 원) 정도가 북측에 들어가고, 우리는 그곳에서 최소 약 15억~30억 달러 이상의 생산액을 올린다.

정부 발표에 따르면 공단의 1년 생산액은 약 5억 달러에 불과하지만, 이 수치에는 허점이 있다. OEM(주문자상표제작·단순임가공)이 주류를 이루는 개성공단의 경우, 기업들의 생산액은 임가공료(봉제비) 기준으로 산정한다. 즉 제품공급가격, 공장도가격이 아닌 단순 임가공료로만 산정되므로 매우 축소되는 것이다. 이를 공장도가나 소비자가로 환산하면 그 차이는 최소 5~10배, 그 이상도 될 수 있다.

개성공업지구법에 따라 매년 1~3월에 모든 기업들은 전년도 회계결산자료를 정리한다. 기업 내부 비밀이므로 이 자료들을 공개할 수는 없지만, 대부분의 개성공단 기업들은 극단적 상황만 없으면 적지 않은 수익을 창출한다.

일시적인 폐쇄조치 이후 거의 모든 기업들이 다시 개성공단으로 들어갔다. 이것은 무엇을 의미하는가? 북측에 퍼주기만 하는 곳이라면 '이윤'을 목표로 하는 기업들이 들어갈 이유가 없다. 왜 기업인들은 남북관계가 이렇게 험악한 상황에서도 개성공단에 들어가려고 할까?

개성공단이 가지고 있는 경쟁력 때문이다. 남측의 자본과 기술, 북측의 노동력과 토지가 만난 개성공단은 실질적으로 세계 최고의 경쟁력을 가지고 있다. 한마디로 영세중소기업들에게 개성공단만 한 곳은 전 세계 어디에도 없다.

2013년, 6개월 동안 개성공단이 가동 중단되었을 때 개성공단 기업인들은 대체공장을 물색하기 위해 동남아 등 여러 해외 공단들을 둘러보았다. 그리고 결론을 내렸다. "해외 어디를 가 봐도 개성공단만큼의 비교우위, 경쟁력을 가진 곳은 없다. 개성에서 이윤을 창출하지 못한다면 그것은 이미 기업이 아니다!"

확실한 것은 우리가 투자 대비 확실한 수익을 올리고 있다는 것이다. '북한 퍼주기'가 아닌 '엄청난 퍼오기'의 실질적 예가 바로 개성공단이다. 평화가 그렇다. 남북의 평화는 우리에게 엄청난 퍼오기의 객관적 환경으로 작용할 수 있다. 그런 의미에서 평화가 대박이다.

그런 측면에서 개성공단 같은 남북경협사례들이 확대되면 우리 경제에는 확실한 블루오션이 될 수 있다. 윈-윈을 넘어 국가의 품격이 달라질 만큼 엄청난 경제 대도약이 이루어질 것이다.

〈2008-11년 남북경협 축소, 중단에 따른 경제손실〉 (현대경제연구원, 단위: 만 달러)

	남측 손실액	북측 손실액
개성공단	409,902(41억 달러) / 40배	9,535(1억 달러)
남북교역	303,817(30억 달러)	131,039(13억 달러)
금강산 / 개성관광	103,864(10억 달러) / 3,303	17,553(1억 7,000만 달러) / 3,900
합계	약 83억 달러(10조) / 4배	약 16억 달러
경제유발효과 손실	240억 달러(26조 5,000억 원)	

2) 개성공단은 북측 지도부의 '돈줄'이다?

아니다. 북측 근로자들에 대한 임금지급체계와 독립채산제 등의 경제개혁조치를 모르고 하는 소리다. 개성공단을 관리하는 북측 당국(중앙특구개발지도총국)은 북측 근로자 1인당 평균 7만 원(평균임금에서 세금 등을 공제한 후의 실수령액) 정도의 돈을 가지고 최소 2인

(1가구 4인, 1가구 공단 2인 근무 가정시)의 한 달 생활을 책임져야 한다. 북측에서는 생활을 '먹고 입고 사는 문제' 즉 식의주 문제라고 본다. '의식주'라고 부르는 우리와 달리 먹는 문제를 입는 문제에 우선한다. 이들의 생활을 책임지자면 국제곡물시장에서 곡물을 수입해야 한다. 개성공단 근로자들을 굶기지 않는 것은 자명한데, 어디에서 그 정도의 돈으로 곡물을 사올 수 있을까? 다시 말해 근로자들의 생활 문제를 해결하는 것도 빠듯한 상황에서 따로 전용할 수 있는 돈은 없다는 뜻이다.

북측에게 개성공단은 경제적 가치 이전에 남북관계 전체를 평화적 관계로 정착시켜가려는 원대한 구상이었다. 체제생존을 안정적으로 담보한 이후, 모든 국가역량을 인민경제 건설에 투자하기 위해서는 평화가 전제되어야 하는데, 그 평화의 상수와 전제가 바로 남과 북의 평화다. 따라서 남북을 대립과 적대가 아닌 평화체제로 묶기 위해 개성공단과 같은 경협사업이 경제적-구조적 안전장치로 필요했던 것이다. 같은 맥락에서 북측은 여전히 지금도 금강산관광 재개 등 6.15, 10.4시대로 상징되는 정치군사적 차원의 평화적 관계정상화를 우리 정부에게 요구하고 있는 것이다.

예를 들어보자. 처음 개성공단을 만들 당시 북측 근로자들의 임금 수준을 월 200달러 정도에 합의하고자 했다. 그런데 그것을 25% 수준인 50달러로 최종 확정한 것은 다름 아닌 북측의 김정일 국방위원장이었다. 이유는 간단했다. 개성공단에 투자한 남측 기업들이 초기에 성공해서 돈을 많이 벌어야 또 다른 공단으로 확대될 수 있다고 판단했고, 그렇게 많은 남북경협공단들이 생겨야 남과 북의 평화가 실질적으로 구조화된다고 본 것이다. 개성공단이 지도부의 돈줄이나 외화벌이 수단이라는 식의 평가와 고정관념으로서는 설명이 불가능한 대목이다.

한편 북측은 러시아와 중국, 중동 등에 노동력을 송출한다. 중국과 러시아 쪽 송출 노동력의 월평균 임금은 300달러 이상이다. 중동에 나가는 송출 인력들은 많은 경우 월 1,000달러까지 고소득을 올린다. 만약 그들이 정말 개성공단 사업을 '경제적 관점'의 '돈줄'로만 생각한다면 개성공단을 닫고 해당 인력들을 해외로 송출했을 것이다. 그럼에도 왜 그들은 개성공단을 유지하고 있을까? 적대적 관계 속에서 '자본주의 황색바람의 진원지'인, 자신들의 체제에 매우 불안전한 환경으로 작동하는 개성공단을 왜 계속 유지하는 것일까? 우리는 개성공단뿐만 아니라 북한을 너무 모른다.

3) 근로자 임금을 국가가 가져간다?

아니다. 북측 근로자들의 임금 지급 체계를 모르고 하는 이야기다. 임금의 대부분은 상품공급권으로 주어진다. 북측 근로자들의 임금은 자신들이 근로한 만큼 정확히 산정되어 달러 가치로 계산되며 매월 전체 근로시간에 대한 확인을 근로자들이 스스로 서명(북측 용어로 '수표'), 확인한다.

일반적으로 북측에서는 임금이라고 하지 않고 생활비-노동보수(생활비와 가급금, 상금, 장려금 등으로 구성)라고 한다. 노동보수의 30%는 사회문화시책비(무상교육-무상의료 등의 소위 사회주의 국가시책 운영 기금)로 공제하고 나머지 70%의 금액은 대부분 상품공급권으로 지급

된다. 그 나머지만 북측 화폐(조선 원)로 지급된다. 상품공급권은 개성 공단 근로자 대상 전용 상품공급소에서 쌀, 밀가루, 채소 등의 식료품과 생활용품으로 교환할 수 있다. 상품공급소에서 교환되는 상품은 국정가격이라 장마당 가격보다 훨씬 유리하기 때문에 상품공급권은 대부분 먹거리와 기본적인 생활용품 구매로 사용한다. 기타 생활비는 집단주의가 강한 체제 특성상 각종 상호부조(생일, 잔치, 장례 등)나 추가 생필품 구입 등에 쓰인다.

〈개성공단 임금 지급 체계〉

임금지급	환전 후 인계	문화시책비 공제 생활비, 물자산출	생활비 수령	기타 생필품 구입
기업 → 총국	총국 → 경영국	경영국	경영국 → 통계원 → 근로자	공급소 → 근로자

위 표에서 보듯 매달 기업이 총국에 전체 임금을 달러로 지급하면 총국은 이를 북한 화폐로 환전하여 경영국에 인계한다. 총국의 경영국은 내각 산하기관인 총국과 개성시 인민위원회와의 업무연계를 담당하는 기관으로 이해하면 된다. 경영국은 사회문화시책비(노동보수의 30%)를 공제한 개인별 생활비와 물자(사전에 근로자들이 생활비 한도 내에서 구매하기로 한 각종 생필품)를 산출하여 할당한다. 이후 생활비는 월말에 회사별 북측 통계원이 경영국에서 인수하여 근로자들에게 지급한다(개성공단의 임금은 달러를 기축통화로 하는데, 북측에는 외환시장-은행이 없기 때문에 총국이 달러를 조선 원으로 환산해서 지급한다).

4) 근로자들은 훈련받은 엘리트들만 온다?

아니다. 개성시와 인근의 가용노동력 대부분이 개성공단에 근무한다. 특별히 타 지역에서 선발되어 오지 않는다. 개성공단의 가장 큰 문제는 만성적 노동력 부족이다. 즉 기업들이 요구하는 만큼의 근로자를 공급하지 못하는 게 가장 큰 문제다. 개성시와 인근 지역에서 가용할 수 있는 모든 노동력이 개성공단에 들어와 있음에도 기업들이 원하는 만큼 공급이 되지 않는다. 노동력 자체가 귀하다 보니 적정 노동력이 아님에도 무조건 채용하는 경우가 많다. 노동자를 채용해서 일을 시키는 만큼 돈이 된다고 생각할 정도로 노동력 부족이 심각하다. 특별히 인력을 선발하고 말고 할 여지가 없다.

개성공단의 진실

1) 남북 상생의 경협-평화 모델

정상 운영되던 시절의 개성공단은 남북 모두에게 실질적 이익을 담보해주는 호혜적인 경제 프로젝트였다. 물론 대립적 당국 관계 지속 등 제약요인이 많긴 하지만 지금도 본질적 취지에서는 크게 다르지 않다. 개성공단은 고비용 저효율의 생산환경, 3D업종 기피, 고임금, 비싼 토지와 물류비용 등으로 경쟁력이 떨어지는 남측 기업들에게 확실한 경쟁력을 담보해주는 돌파구였다.

획일적으로 똑같이 적용되는 기본임금 월 70달러의 경쟁력 있는 노동비용, 서울에서 1시간 거리밖에 안 되는 물류비용 절감, 무관세 등 개성공단은 중국이나 베트남 등 다른 어느 해외 공단보다 유리한 조건을 갖추고 있다.

북측은 1단계 100만 평에 대한 땅값을 따로 받지 않았다. 해당 부지에 있던 지장물철거비 명목으로 평당 1달러에도 못 미치는 금액을 받았을 뿐, 거의 공짜로 100만 평의 군사적 안보요충지를 내놓았던 것이다. 당시 북측은 공단부지 인근에 있었던 6사단과 64사단, 2군단 포병연대를 5~10Km 뒤로 후퇴시켰다.

입주기업들은 같은 언어를 사용하면서 기술습득 속도가 빠르고 학습능력이 우수한 북측 근로자들을 고용함으로써 중국이나 베트남에 진출한 다른 기업들과 비교할 때 상대적으로 빠르게 안정 궤도에 진입했다. 특히 개성공단 내 봉제, 전기전자, 기계금속 등 노동집약업종은 세계 최고의 경쟁력을 갖고 있다.

물론 북측에게도 이익이 있다. 자본주의 시장경제에 대한 이해를 높이고 세무제도와 회계제도 등의 자본주의 운영원리와 제도 등의 생소한 영역들을 이해할 수 있게 될 뿐 아니라 소비재와 경공업 분야의 기술 습득과 공장운영, 공단운영 노하우 습득 등의 간접적 기회가 되기도 한다.

무엇보다 개성공단은 남과 북의 정치, 경제, 사회문화와 법-제도와 사고방식, 가치관 관습 등을 상호 학습하고 배워가는 기회의 마당이다. 즉 개성공단은 남북화해와 평화의 상징이다. 개성공단의 평화적 가치는 설명이 필요 없는, 남북의 군사적 긴장과 대결을 구조적으로 막아주는 제도적 안전장치다. 남과 북의 기업가와 근로자들이 매일매일 서로의 다름과 차이들을 배우고 익혀가면서 상호 관용과 포용으로 작은 평화와 통일의 사례들을 축적해가는 기적의 장소이다. 이런 곳이 과연 전 세계 어느 곳에 있을 수 있단 말인가? 분단을 넘어 평화로 가야 하는 우리에게 개성공단은 평화로 가는 길의 상징적 학습장인 것이다.

2) 북측의 시장경제 학습장

개성공단은 싫든 좋든 북측에게도 경제적 측면에서 여러 변화들을 가져오게 했다. 남북이 서로 배우는 게 적지 않겠지만, 개성공단의 기업운영은 자본주의 경제질서에 입각해 있기 때문에 북측은 자본주의 경제질서를 간접적으로나마 체험하고 있는 것이다.

경제적 측면에서도 개성공단은 북측에 여러 변화를 가져왔다. 남측의 기술력과 자본을 바탕으로 한 생산기지를 개성 지역에 건립한 것은 북측 지역경제에 새로운 활기를 불어넣었다. 직접적으로 개성공단 사업은 5만 3,000명의 북측 근로자를 고용함으로써 개성시와 인근의 경제를 안정적으로 활성화시키는 효과를 낳았다. 그것은 큰 틀에서 북측 경제에 새로운 활기를 불어넣을 수 있는 가능성을 제시하기도 한다.

또한 그 모든 것은 문화적·경제적 '다름'들을 상호 체득해가는 과정이기도 하다. 북측이 우리의 시장경제를 체험하고 있다는 사실은 그 자체만으로도 엄청난 상징이다. 북측의 관료와 근로자들이 세무와 회계를 배우고, 북측 근로자들이 남측 기업에 근무하면서 일상적으로 물량 수주, 상품, 판매, 납기준수, 성과급, 생산성 등의 시장경제 개념들을 배우고 있다는 것은 참으로 간단치 않은 실례들이다.

그들은 사회주의 경제의 병폐인 '평균주의'를 배격하고 생산성과 이윤의 중요성을 점진적으로 인식하게 된다. 사회주의 국가경제, 즉 자급자족 국가공급(배급) 경제를 위한 목표량 생산이 아닌 기업가의 이윤 창출을 위해, 전체 생산성을 높이기 위해, 평균주의가 아닌 경쟁체제에서, 집단주의가 아닌 개인주의적 경제질서를 체험하고 있는 것이다. 그것이 북측 사람들에게 어떤 상징적 의미를 가지는지 그 본질을 꿰뚫는다면 참으로 엄청난 변화들임을 알 수 있다.

나아가 북측 당국과 기관들이 자본주의 기업운영 방식과 시장경제를 이해하고 남측의 현대식 공단시설 운영과 관리방식을 습득할 수 있는 교육장으로 개성공단이 기능하고 있다는 것도 간과해서는 안 되는 중요한 사실이다.

3) 군사적 긴장 해소와 평화 진작

개성공단 부지는 북측의 군사요충지에 위치하고 있다. 따라서 그 위치의 중요성으로 인해 공단개발 초기부터 군사적 긴장 완화와 평화 정착 측면에서 크게 주목받았다.

개성공단은 군사분계선(MDL)에서 불과 5~6㎞ 북방에 위치하고 있어 북측의 대남군사전략에 상당한 영향을 미치는 지점이다. 개성은 한국전쟁 당시 북측이 서울로 들어오는 두 개의 주공루트 중 하나였을 만큼 중요한 군사적 요충지로서, 군사력 밀집지역이기도 했다.

개성공단은 남북의 군사력 밀집지대와 비무장지대, 군사분계선을 남측 사람과 차량이 매일 왕래하면서 존재 그 자체로 남북의 정치·군사적 긴장과 위기를 완화·완충하는 순기능을 하는 곳이다. 북측의 미사일 발사와 핵실험 상황에서도 개성공단은 가동되었고, 천안함 사건과 연평도 사태의 엄혹한 위기 상황에서도 하루도 쉬지 않았다. 이미 남과 북 어느 누구도 개성공단을 일방적으로 폐쇄할 수 없는 상황과 수준이 되었을 만큼 스스로의 생명력을 담보하고 있는 것이다.

4) 남북 평화의 확실한 안전장치

수십여 회의 성과 없는 당국 회담보다 일상적 개성공단 유지가 더 실효성 있는 평화장치다. 대결과 적대의 근본 대북인식이 바뀌지 않는 상황에서 정부 당국자들의 애매한 대북정책 남발이 과연 무슨 효용이 있겠는가? 남북의 근로자들이 매일 남북경제협력을 통한 상생발전을 위해 함께 머리 맞대고 일하는 평화실현의 장이 바로 개성공단이다. 개성공단에는 이미 광의적 의미의 통일, 즉 평화가 정착 중이다. 긴장고조를 구조적으로 막는 평화, 남북평화체제가 개성공단에 있어서만은 이미 실현 중인 것이다.

이렇듯 개성공단은 남과 북을 평화체제로 묶어세우는 순기능을 하고 있다. 남과 북 양 당국이 소모적 대립과 적대에 빠져 있는 동안 정치·경제적, 사회문화적, 국제정치적 측면에서 누구도 어떻게 함부로 할 수 없는, 평화체제 구축의 순기능으로 작용하고 있는 것이다.

개성공단은 이렇듯 대립적 관계로 후퇴한 남북관계를 별도의 정치·경제적 비용 부담 없이 복원시킬 수 있는 매개체로서 역할하고 있다. 남과 북이 상호 진정성 있는 자세로 대화의 테이블에 앉기만 하면 정상적 남북관계는 바로 시작될 수 있다. 무릇 5.24조치 해제 문제 등 남북의 여러 현안 쟁점들을 풀어가는 해법 모색의 가장 확실한 장이 개성공단 정상화 노정에 함께 담겨 있다.

6. 남북 평화경제의
대박을 위하여

2014년 초부터 정부는 '통일은 대박'이라며 통일대박론을 전면화했다. 사실은 '평화가 대박'이다. 준비되지 않은 통일은 재앙과 쪽박이 될 수 있다. 준비만 잘하면 평화만으로도 충분한 대박이 된다는 것을 개성공단의 실증적 사례에서 충분히 확인할 수 있다.

평화는 매우 간단하다. 남과 북이 상호존중하면 된다. 상호존중! 평화와 통일은 상호존중으로 시작하고 상호존중으로 완성된다. 1972년 7.4남북공동성명, 1992년 남북기본합의, 2000년 6.15공동선언, 2007년 10.4선언까지 그 모두를 관통하는 하나의 기본원칙이 있다면 바로 '상호존중'이다. 철저히 상호작용의 관계일 수밖에 없는 남북관계에서 상호존중의 정신이 진정성 있게 지켜진다면 실타래 같은 남북문제는 거의 다 풀린다.

상호존중은 대화의 테이블에 앉는 순간 시작된다. 상대방을 극복과

제압의 대상이 아닌, 함께 공존해야 할 대화의 상대로 인정하는 순간 상호존중은 시작된다.

북측의 경제사회적 변화가 엄청나다. 오랫동안 준비되어 온 경제개혁조치들이 범국가적 차원에서 진행되고 있다. 2013년 3월 노동당 중앙위 전원회의가 '경제건설과 핵무력건설 병진노선'을 채택한 이후 광범위한 경제개혁조치(경제개발 등)가 진행 중이며 그 변화의 속도와 폭이 매우 빠르고 넓다. 모든 단위에 '독립채산제'가 전면 실시됨으로써 각급 인민위원회, 기업소 등 경제단위의 재정 자율성이 신장되는 등 전 부문에 걸쳐 경제발전을 위한 총력전이 전개 중이다. 한마디로 북측의 경제사회적 변화는 순기능적으로 엄청나다고 평가할 만큼 크고 광범위하고 깊다.

그럼에도 우리 사회는 이를 제대로 인식하지도 평가하지도 못하고 있다. 북측의 경제사회적 변화와 발전은 주지의 기정사실이다. 다만 지속성이 화두일 뿐이다. 2013년 한 해의 변화가 그 이전 10년보다 더 크다고 할 정도로 폭발하고 있다. 2014년도 마찬가지였다. 상전벽해의 변화들이 평양과 주요 도시에서 나타나고 있다.

이 엄청난 변화의 파도에 올라타야 한다. 간단하다. 남과 북이 손을 맞잡으면 된다. 그것이 대박이다. 북측은 계속 손을 잡자고 한다. 우리가 손을 내밀기만 하면 된다. 냉전적 사고에 갇힌 소모적 정쟁과 이념이 아닌, 궁극의 국민행복을 위한 경제적 실리, 평화적 실리, 안보적 실리, 품격 높은 국민행복의 가치를 위해 우리가 손을 내밀어 북측의 손을 잡으면 된다.

북측은 박근혜 정부 출범 초기부터 시종일관 당국 간의 평화적 관계정상화를 요구해왔다. 평화공세가 아니라 진정성 있는 평화관계를 요구하고 있는 것이다. 그런데 우리는 우리식 기준의 애매한 '진정성' 타령으로 외면하고 있다. 이제는 북측이 오히려 우리의 진정성을 문제 삼고 있다.

남북관계는 철저히 아는 만큼 보인다. 북을 알아야 한다. 남북관계를 정말 제대로 알아야 한다. 장님 코끼리 만지는 식의 공허한 분석, 퇴행적 이념 대결과 정치적 왜곡을 중단해야 한다. 대결과 극복, 부정의 대상으로 북측을 몰아갈 것이 아니라 평화 속에서 상호 공존할 수밖에 없음을 명확히 직시해야 한다. 대한민국의 총체적 북한 무지가 분단을 심화하고 있다.

남북평화경제는 남과 북 우리 민족이 유사 이래 경험해보지 못한 엄청난 경제적 대박과 평화 대박, 차원 높은 국가 품격을 구현시켜줄 것이다. 창조적 국가 대혁신이 평화 속에서 가능해질 것이다.

'상호존중'이면 된다. 한 푼의 돈도 들지 않는다. 통일비용은 허구고 거짓이다. 언제까지 총체적 북한 무지로 군사적 재앙의 위험을 안고 살 것인가? 상호존중의 원칙 하나면 남북이 품격 높은 평화통일번영국가를 구현할 수 있다. 정말 쉽고 간단하다. 상호존중이다.

공단 접경에 있는 북측 민가와 학교의 모습. "조선을 위하여 배우자"라는 구호가 선명하다.

Part 2

|

개성공단에는
사람이 산다

|

1. 공존을 위한 상호존중의 대화가 필요하다

김정석 팀장

– 취재 이용구

2014년 대통령 취임 1주년, 불쑥 '통일준비위원회'를 대통령 직속으로 만든다는 뉴스가 나왔다. 마침 개성공단 관련 인터뷰를 하러 가는 날이다 보니, 통일에는 어떤 준비들이 필요할까 잠시 생각해보게 된다.

누군가에게 분단의 상처는 혈육의 정을 끊어놓은 단장의 아픔이었을 것이다. 마침 남북이산가족 상봉행사가 금강산에서 진행되고 있다. 팔순이 넘은 분들이 분단 60여 년 만에 아버지, 어머니 등 혈육을 만났고, 다시 볼 수 없는 이별을 하고 있었다. 60여 년 동안 분단체제는 고착화되었지만, 그나마 남북교류의 실낱같은 희망이 되고 있는 '개성공단과 관련된 깊은 이야기를 듣고 싶었다.

오늘 만나는 이는 개성공단의 관리기관에서 근무했다고 하니, 기업 경영자들보다 거시적인 관점에서 말해줄 거라는 생각이 든다.

승강기 앞까지 마중 나온 그와 인사를 한다. 악수를 하는 손이 단단하다.

개성공단에서 담당하셨던 일에 대해 간략히 소개해주세요.

관리기관에서 일반적인 관리 행정 일을 했습니다. 남과 북이 서로 행정체계가 다르다 보니 그런 문제들을 협상하고, 집행하고, 북측과 조정하는 일을 했습니다.

기업에서 들을 수 있는 현장 이야기보다는 전반적인 이야기를 풀어주실 거라 믿습니다. 어떤 말씀부터 해주시겠습니까?

우리 사회에서 이런 말을 많이 들었어요. '개성공단은 북한을 개혁개방으로 이끄는 공간이다'라고요. 그 말이 우리에게는 개성공단의 의의를 설득하는 말로 사용되지만, 북한에게는 흡수통일을 전제로 하는, 기분 나쁜 말로 들리는 측면이 있습니다. 내가 담당했던 일의 특성상 두 가지로 이야기를 해보려고 합니다. 하나는, 북한이 경제특구를 성공시키기 위해 법제들이나 기술들을 남측으로부터 받아들이는데, 그것들이 과연 어떤 조건에서 가능한가 하는 이야기입니다. 그리고 다른 하나는, 개성공단이 흔히 '작은 통일의 공간'이라고 이야기되는데, 이러한 통일을 이루기 위해선 어떤 노력들이 필요한가 하는 것입니다.

좀 의외일 수 있지만, 먼저 '개성공단이 북한을 개혁개방으로 이끌어가는 동력으로 기능할 것'이라는 우리 국민들의 보편적 생각에 반하는 말부터 해야 할 것 같습니다. 일방적으로 우리 제도를 북한 체제에 이식하고 그것이 뿌리 내릴 수 있다고 믿는 자체가 허황되다고 봅니다. 우리 시각에서 보면 북한 체제가 취약하고 허술해 보이지만 나름 70년을 지속하고 있는 만큼, 우리가 모르는 내구성이 있다는 점을 인정해야 합니다. '라면 봉지만 보여줘도 북한 사회가 붕괴'할 거라고 평가했던 것은 우리의 일방적 판단이고 착각입니다.

행정시스템을 예로 들어볼까요? 하나의 국가나 체제에는 법령처럼 표시된 문화와 제도 외에도 관습화되거나 내재화된 시스템이 있습니다. 그런데 어떤 국가에 외부로부터 강요된 또는 형식만을 차용한 행정시스템을 이식한다면 과연 성공할 수 있을까요? 예를 들어, 유엔평화유지군이 파견될 때는 별도의 행정지원팀을 동반합니다. 그런데 행정지원팀의 대부분은 서구에서 훈련받은 사람들로 구성되어 있어서 종종 현지 문화와 마찰을 빚죠. 이를 극복하기 위해서는 일정 기간 상대 문화를 이해하는 적응 과정이 있어야 합니다.

우리나라도 해방 후 미국의 행정시스템을 형식적으로는 그대로 받아들였지만 실제로는 내용을 채우지 못했다고 말합니다. 초기 개성공단 입주기업들이 북측 근로자들을 마치 저개발국가의 이주노동자 대하듯이 하다가 마찰을 빚었다는 말도 있더군요.

그렇죠. 이미 외국에서는 결론이 난 이야기입니다. 앞서 말한 유엔평화유지군이 동티모르나 소말리아 같은 곳에 파견되었을 때도 똑같은 현상과 고민이 있었다는 거죠. 이제 와서 드는 생각인데요, 개성공단에 나 같은 행정관료뿐 아니라 장기적으로 사회학자 또는 심리학자, 문화 전문가들도 파견되었더라면 더 나아지지 않았을까 하는 아쉬움이 있습니다.

남북 사이에는 문화적이고 제도적인 차이점들이 분명히 있습니다. 형사정책에서 한 예를 들자면, 남측에서 개인을 구금한다는 것은 국가에서 그 개인의 신병을 인수하고 의식주를 보장하되 개인의 자유를 제한하고 경제활동을 억제하는 것입니다. 하지만 북측의 경우에는 재교육과 직접적인 강제수단이 더 발달되어 있어요. 서구화된 법제가 사유재산권을 기본적으로 보호하는 면에서 발달되었다면, 사유재산의 소유가 명시적으로 금지된 북측에서는 국가가 제공하는 모든 복리후생으로부터 소외시키는 방식으로 개인을 강제한다는 점에서 큰 차이가 있습니다. 즉 형벌을 받는 사람은 강제노동에 동원되면서도 의식주를 배급받지 못하고 스스로 그것을 책임져야 하는 거죠. 이처럼 사소하지만 미묘한 시스템의 차이가 사실은 상당한 본질적 차이인데, 이러한 다종다양한 다름들을 이해하지 못하고는 향후 통일로 가는 과정에서 문제가 될 것입니다.

불신과 대립 구도로 빚어지는 악순환

개성공단에서 근무하면서 실무적으로 겪었던 어려운 점들이 있다면….

북측 사람들이 시장경제나 자본주의를 잘 이해하지 못한다는 점을 알아둘 필요가 있습니다. 한 번도 경험하지 못한 일이니 당연히 그럴 수밖에 없지 않나요? 그래서 한편으로는 우리가 북측에 이러한 자본주의와 시장경제를 이해시키는 데 공을 들였는데, 그것이 다른 한편에

선 개성에 진출한 우리 기업들을 부담스럽게 하는 부메랑이 되어 돌아온다는 게 현지에서 겪었던 애로점이에요. 이러한 일들은 동전의 양면처럼 동시에 일어납니다.

개성공단에는 입주기업들을 위한 세무소가 있어요. 그런데 북측에는 세금이란 개념 자체가 없죠. 그래서 북측에 세금에 대한 개념을 가르치고 이해시켰는데, 남북관계가 어려워지고 경제협력 문제가 진영대립 문제로 전환되는 시기에는 이러한 지식이 남측 기업의 탈세에 대한 감시로 돌아옵니다.

또 다른 예로, 개성공단에 진출한 업체가 원활한 생산을 하지 못해 초기 투자금을 담보대출해줬던 남측 은행에서 저당권을 실행하여 경매를 진행한다고 가정해봅시다. 이런 경우, 선순위 채권에 대해 일부 우선변제나 저당권을 보호하려는 노력은 분단체제의 벽에 막혀 있습니다. 북측에서는 당연히 자기네 임금 채권을 전액 보장받기를 원하므로 남측의 우선변제권은 제한되거나 배제됩니다. 두 개의 서로 다른 체제 사이의 경제협력에서 발생하는 문제이긴 하지만, 이런 조건에서 남측의 어떤 은행이 개성공단 기업에게 선뜻 담보대출을 해줄까요? 이런 점들이 개성공단 확대의 어려움들이죠.

북측에 우리 시스템을 이해시키는 게 쉽지는 않지만, 더 큰 개성공단, 더 많은 개성공단이 만들어져야 더 많은 이익을 남과 북이 나눌 수 있지 않을까요?

북측의 변화를 유도하기 위해선 투자가 활성화되어야 합니다. 그러나 앞의 예에서 보듯이, 북측에서 임금 보전을 더 중시한다면 과연 남측의 누가 개성공단에 투자를 할까요? 그러므로 구체적인 상황에선 법적·제도적으로 남한의 시스템을 존중해달라고 설득할 수밖에 없죠. 그러나 이런 설득에 대한 북측의 반응은 "투자를 더 확대할 것도 아니지 않느냐. 그러니 당장의 임금 채권이라도 보전받겠다"라는 것이죠. 그런데 그 말이 남측 언론에서는 북측의 억지 주장이라고 보도됩니다. 일종의 악순환인데, 이것이 현실입니다. 이렇듯 소위 남북 당국관계의 전면 단절로 상징되는 5.24조치의 영향력이 개성공단에는 진하게 남아 있습니다. 당국 관계 정상화가 근본입니다.

공단에서 남북관계가 단단해지면 양측으로 전파되는 힘이 나올 수 있으리라 보는데, 현재는 불신감에 기초한 관계라는 거죠?

용접이나 선반과 같은 단순 기술이라도 젊은 세대를 교육하고 훈련시켜 생산성을 높이고 자기네 경제에 기여하게 하고 싶은 욕구가 북측에 있습니다. 그러나 개성공단의 존립 자체가 문제가 되는 대립 구도 속에서는 이런 욕구를 구체화하기가 어렵지 않을까 생각됩니다. 고급 기술에 해당하는 업종은 설비 투자에 목돈이 들어가는데, 위험부담 때문에 노동집약적인 산업만 들어가 있으니, 개성공단은 그냥 지방의 농공단지 같은 역할을 할 수밖에 없죠.

어느 순간엔 갈라설 수도 있다는 불신감이 상호 팽배하다면 경영자들도 생산을 위한 투자를 망설이겠네요?

언제 폐쇄될지 모르는 상황이라면, 있는 동안 서로의 이익을 극대화하는 쪽으로 각자 생각할 뿐이죠. 당연히 합리적인 제도 운영보다는 아귀다툼 같은 측면에 몰두합니다. 이 때문에 기술집약적 생산설비에 대한 투자보다는 저임금에 기초한 노동집약산업 혹은 자금 회수가 용이한 업종을 강화하는 쪽으로 나아가게 됩니다. 사실 북측이 바라는 건 고급기술을 전수받는 것인데 이런 상황이라면 불가능하다고 봐야 합니다. 모두 불신에서 비롯된 겁니다.

우리 사회 내부에 대한 반성이 먼저 필요

이야기를 좀 바꿔보죠. 관리기구에서 일하다 보면 북측의 고급 관료들을 많이 만나보았을 텐데, 재미있는 일화들은 없으신지요?

개성공단을 관장하는 북측의 중앙특구개발지도총국이 내각기관이긴 하지만, 장차관급 인사들을 만나보지는 못했습니다. 가끔 고위급 인사들이 평양에서 내려오기도 하지만, 제가 주로 상대한 사람들은 보안, 환경, 무역 쪽 사람들입니다. 민경련과 같은 '대외경제일꾼'들이 대부분이라고 보시면 됩니다.

현장에서 북측 근로자들을 직접 만나는 일은 드물었겠네요?

그렇죠. 가끔 만난 적이 있는데, 그때 들었던 생각이 앞에서 말한 두 번째 큰 주제가 될 것 같습니다. 남측 주재원들과 북측 근로자들이 자꾸 만나게 되면 적대의식이 많이 완화되고 이해의 폭이 넓혀질 거라는 게 일반의 생각일 텐데, 제가 보기엔 별로 그렇지 않아요. 북측에 대한 부정적 인식의 근원은, 개성공단에서 남과 북이 정확히 자본과 노동으로 구분되어 만난다는 점입니다. 이것이 바로 갈등의 시발점이기도 하죠.

예를 들어 아침에 일을 하다가 갑자기 기계가 고장이 났다고 가정해보세요. 기계를 수리하여 정상으로 돌리는 데 1시간이 걸렸다면 남측(기업) 입장에서는 바로 이어서 일을 해야 한다고 생각하는데, 북측(근로자)의 사고는 많이 달라요. 휴식 시간이 되면, 기계가 돌아가지 않아 생긴 휴업 시간을 고려하지 않고 쉽니다. 이런 일이 생기면 남측 주재원들은 북측 근로자들에게 "이런 게 사회주의의 병폐이며 비효율의 극치"라고 한 마디씩 하는데, 북측 근로자들은 "기계가 고장나서 수리하는 건 우리 책임이 아니"라고 맞받아칩니다. 남측 입장과 북측 입장 중에 어느 것이 맞을까요? 아니 어느 쪽이 합리적일까요? 이건 사실 어느 쪽이 맞고 틀리고의 문제가 아니죠. 다름일 뿐인데, 그 다름을 '틀림'으로 인식하면서 갈등이 생기죠. 상호 무지라고도 볼 수 있고요.

글쎄요…. 구체적 상황에 따라 각각의 입장이 있는 것 아닐까요?

엄밀히 보면, 남측의 노동법규를 적용한다 해도 북측 근로자들의 말이 맞습니다. 회사는 근로자들에게 일할 수 있는 조건을 만들어줘야 하는 의무가 있을 뿐더러 휴식시간도 보장해줘야 해요. 그것이 노동법의 법리입니다. 그런데 이런 문제가 서로 간의 합리적인 해결로 나아가지 않고 선입견에 근거한 갈등으로 발전하는 것이 문제입니다.

또 남측의 주재원들은 주로 엔지니어로 구성되어 있는데, 우리나라

경제성장기에 몸으로 기술을 체득한 분들이 많습니다. 자부심도 강해서, 많은 분들이 자신의 기술을 북측 근로자들에게 전수하기를 갈망하죠. 그런데 여기서 약간의 오버액션이 발생합니다.

마치 사수-부사수 같은, 일종의 도제관계를 만들고 싶어하는군요.

네 맞습니다. 그런데 도제제도에는 약간의 폭력구조가 내포되어 있습니다. 그분들은 "나는 '펜치'로 맞아가며 배웠다"는 식으로 자신의 경험을 일반화하여 북측 근로자들을 대하는데, 이는 북측 근로자들이 받아들이기 어려운 부분이에요. 제 경험에 국한된 지엽적인 이야기이고, 일부 기분 나빠하실 분들이 있을지 모르겠지만, 북측 근로자들은 대부분 고졸 이상입니다. 반면 남측 엔지니어들은 중졸 학력이 많아요. 어떤 면에선 남측 주재원들이 북측 근로자들보다 인문학적 교양이 부족하다는 것을 왕왕 보게 됩니다. 그래서 겉으로는 남측 엔지니어의 지시를 받지만, 속으로는 무시를 하죠. 이런 점들이 남북 사이의 고용관계에서 어려움으로 작용하고 갈등을 만들어냅니다.

그래서 남과 북의 사람들이 만난다고 해서 이질감이 해소되고 무조건 이해의 폭이 넓어지는 건 아니란 생각이 들었고, 개인적으로는 오히려 북측 사람들을 만나면서 우리의 기업문화를 돌아보게 되었습니다. 그것이 내가 두 번째로 말할 주제입니다. 우리 사회나 기업에는 여전히 봉건적이고 폭력적인 요소가 남아 있는데 우리끼리 있을 때는 잘 보이지 않습니다. 그래서 북측 사람들을 끌어안으려면 먼저 우리 사회에 대한 반성도 필요하다고 봅니다.

마치 남과 북이 거울처럼 서로를 돌아보고 반성하는 계기를 만들어준 거네요?

그렇습니다. 우리가 우리 내부의 불합리한 점들을 인정해야 북측 근로자들도 우리를 보고 "여러 차이에도 불구하고 일은 잘 하더라" 이런 식의 판단을 해주지 않을까요?

일에 대한 '속도'를 말할 때 꼭 나오는 얘기인데, 북측 근로자들이 노동강도가 많이 약한가요? 남측 근로자들이 일하는 모습을 동영상으로 보여주자 북측 근로자들이 "영상을 빨리 돌리는 것 아닙네까?" 하면서 안 믿었다던데요?

그렇습니다. 남측의 기업문화가 근로자들끼리 경쟁을 하게 함으로써 최고의 생산성을 뽑아내는 방식인데 반해, 북측 근로자들은 고도의 경쟁을 크게 해본 적이 없어요. 그리고 해고의 위험도 없습니다. 남측처럼 일을 더 한다고 해서 성과급을 받지도 않죠. 이 때문에 여타 사회주의 국가들처럼 노동에 대한 경제적 보상체계의 미흡과 이로 인한 비효율성이 나타나게 되었고, 거기서 파생되는 노동의 문화 차이가 있습니다. 탈북자들이 가끔 그런 말을 합니다. "남측에 내려와서 일하는 것처럼 북측에서 했으면 노력영웅 되었을 겁니다"라고요.

근로기준법이 있어도 경쟁사회라는 프레임 속에서 자본의 논리가 사회적 압력으로 작용하여 자기 권리를 제대로 찾지 못하는 사례들도 있죠. '남양유업사태' 처럼 갑을관계의 횡포가 우리 사회의 기업문화 속에 상존하잖아요.

오늘도 모 기업 신입사원 연수에서 '얼차려'를 주었다는 소식이 뉴스에 나왔습니다. 이런 폭력적인 기업문화가 아직도 남아 있죠. 그리고 우리 사회 자체가 굉장히 배타적이고 문화적 우월주의가 있다는 것도 인정해야 합니다. 외국인 근로자들에게 행하는 차별을 보면 알 수 있지 않나요? 우리가 갖고 있는 노사문화의 장점도 있지만 한편으로 그것이 갖는 폐해도 분명히 있는데 이것을 반성하지 않고 '우리 것만이 최고'라고 인식하는 것이 문제입니다. 개성공단에서도 이런 점들이 기업과 근로자 간에 그대로 노출됩니다.

개성공단에서 성공한 기업들의 공통점

개성공단에서는 북측 근로자들이 맘에 들지 않는다고 해서 해고와 같은 직접적인 조치를 취할 수 없다고 들었습니다.

그런 경우, 절차를 밟아서 해고 비슷한 걸 하기도 합니다. 다른 업체로 보내는 거죠. 하지만 이걸 알아야 합니다. 우리나라 법에서도 기업이 해고를 하려면 합당한 절차를 밟아야 하고, 해고는 최후의 방법이라는 겁니다. 우리나라 기업인들이 흔히 근로자들을 마음대로 해고할 수 있고 마음에 들지 않으면 폭력적으로 대해도 된다는 인식을 갖고 있는데, 그건 잘못된 생각입니다. 개성공단 업주들 중에도 "내 돈 주고 내가 일 시키는데, 뺨도 못 때리냐"라고 하소연하는 사람들이 있어요. 그야말로 너무 모르는 거죠.

우리 사회에서는 해고가 어려울 때 자진 퇴사를 유도하는 게 관행처럼 되어 있는데….

개성공단에서는 현지 법인장이나 주재원이 북측 직장장과 협의를 통해 기업을 운영합니다. 기업들은 이런 점에 대해 불만이 많습니다. 특히 북측 근로자들에 대한 인사권을 남측(자본 측)에서 행사하기를 바랍니다. 그런데 독일의 경우에도 자본과 노동이 참여한 노사협의회에서 경영권을 공동으로 행사해요. 우리나라 기업들은 이런 시스템이 이해되지 않을 겁니다. 노사문화는 각 나라의 특수한 역사적 경험과 사회적 조건을 배경으로 탄생하지만, 이에 대한 이해가 없죠. 무엇보다 자본 우위의 우리 노사문화가 보편적인 게 아니라는 점을 알아야 하는데, 우리 기업들이 과연 얼마나 알까요?

독일의 경우 순수하게 자본과 노동이 분리된 형태라고 보면 되겠네요. 그리고 그런 노사문화가 개성공단에서는 가능하다는 말씀으로 들립니다.

그렇죠. 그것을 우리 기업들이 이해해야 합니다.

우리에겐 '우리의 문화가 우월하고 우리 방식이 최선'이라는 생각이 팽배해 있습니다. 혹시 '부패의 경제학'이라는 말 들어보셨어요? 우리 기업들이 다른 나라에 진출할 때, 너무나 자연스럽게 그곳의 실력자를 찾아가 접대하는 방식을 고수한다는 거죠. 이처럼 적당히 상대를 부패시켜 이익을 챙기려고 하는 관행이 우리 기업들에게 있습니다.

우리나라 중소기업들은 대기업에 치이고 고임금 근로자들에게 치이는 구조예요. 중소기업들이 살아남기 어려운 구조죠. 이를 해결하기 위해서는 갑을관계의 횡포 같은 잘못된 관행을 바로잡아야 하는데, 이걸 못하니까 싼 인건비를 찾아 해외로 진출하듯이 개성공단을 생각한 것이죠. 중국이나 베트남보다 접근이 쉽고 물류비 등 간접비용도 적으니 매력적이죠.

갑을관계의 횡포와 같은 우리 사회의 잘못된 관행을 해소하고 경제민주화를 확보하는 과정에서 남북교류협력사업을 바라보아야 합니다. 그렇게 하지 않으면 개성공단이 우리 사회의 문제를 은폐시키고 전가시키는 수단으로 전락할 수도 있습니다.

현재 개성공단에서 성공한 기업들은 이런 문제들을 해결한 기업들입니다. '신원' 같은 회사가 모범사례인데, 그들은 근로자들을 인간적으로 대합니다. 현지 법인장과 주재원들이 눈이 오나 비가 오나 변함없이 매일 출근하는 북측 근로자 한 명 한 명에게 아침 인사를 했고 지금도 변함없이 하고 있어요.

북측 근로자들을 존중해주고 자율성을 존중하기 시작하자 생산성이 높아지고 기업이 성공했다는 것은 상당히 고무적인 이야기입니다. 개성공단에서 성공한 대부분의 기업들은 북측 근로자들에게 자율권을 주고 북측을 제대로 이해하려고 노력한 기업들입니다. 오히려 그들에게 맡겨 놓았더니 더 잘 된다는 곳도 적지 않습니다. 그들을 통제하려는 순간 관계는 깨지고 기업은 어려워집니다.

종업원을 인간적으로 대한다면 세계 어디에 진출해도 성공을 담보받는 것이 아닐까요? 아예 북측 근로자들에게 생산을 전적으로 맡겨서 성공한 기업은 어떤 곳인가요?

네, 소규모 기업의 경우 아예 생산을 전적으로 맡겨서 성과를 내는 곳도 있습니다. 기업들이 입주 초기부터 북측 근로자들에게 점심식사에 따끈한 국을 제공하는 등 인간적 대접과 접근이 효과를 내는 측면들이 있습니다. 신뢰가 신뢰를 낳는 거죠. 호의가 호의를 낳아요. 모든 인간관계가 상호작용의 관계이듯이 기업과 근로자의 관계도 마찬가지입니다. 우리 기업들이 얼마나 가슴을 여느냐가 관건인 곳이 개성공단입니다.

우리 사회의 포용성이 커지기를

이야기를 좀 바꿔보죠. 북측 근로자들을 보면서 개성공단사업 이후 그들이 많이 변화하고 있다는 것을 느낄 만한 점이 있었나요?

사람들이 주목하는 건 대개 외형상·외관상의 변화입니다. 예를 들면, 북측 근로자들이 좌변기 사용법을 알게 되었다거나, 처음에는 우리네 1970~80년대 시골 사람들처럼 치마저고리 차림이었다가 지금은 양장을 하고 화장을 하고 다니는 모습 등에 주안점을 두기 마련입니다. 그러나 그런 변화에만 주목하면 안 된다고 생각합니다.

개성공단이 지정학적 상호 이해의 시작 지점이라면, 북측 근로자들의 외형상의 변화는 심리적 변화와 무관할 수 없지 않을까요?

'공생'이라고 하면 서로의 변화가 전제되는 것입니다. 물론 남측 주재원과 북측 근로자들이 사용하는 언어가 비슷해진다든지 하는 문화의 상호침투현상 같은 것을 목격하기도 했어요. 하지만 문화적 침투라는 것도 한계가 있습니다. 기본적으로 '내 것이 옳다'라고 전제하고 타인을 바라보는 시각이 있기 때문이죠.

북측 사람들은 소위 '고난의 행군'을 이겨내고 '자주국방'을 이루었다는 점에 굉장한 자부심을 갖고 있습니다. 그러나 남측의 시각에서 보자면 그들의 자부심은 우리에겐 위협입니다. 반면에 우리가 갖고 있는 자부심은 '잘살고 있다'는 건데, 그걸 북측의 시각에서 보면 '미국에 빌붙어' 같은 동포인 북측을 '핍박하는 데 앞장서고 있다'는 거죠. 이런 부분에 대한 상호 인정이 있어야 합니다.

상호 존중이 없는 대화는 지극히 피상적입니다. 남측 주재원과 북측 직장장이 대화를 하더라도 서로 마음을 열고 대화를 하지 못하므로 그저 신변잡기를 주고받는 데 그칩니다. 한계가 있는 거죠.. 그렇기 때문에 북측의 자주국방이나 3대 세습, 남측의 경제발전 등에 대해 장단점을 제한 없이 이야기하고 문제도 제기할 수 있어야 합니다. 우리 사회에서 이런 이야기들을 편하게 할 수 있을 때 북측에 대해서도 같은 식으로 변화를 요구할 수 있지 않을까요? 우리끼리도 하지 못하는 이야기들을 과연 개성공단에서 할 수 있을까요?

어떤 이들은 개성공단과 같은 공단이 몇 개만 더 있으면 통일이 될 거라고 말합니다.

그것만으로는 부족합니다. 개성공단 사업의 경험을 통해 볼 때 북측과의 협상에서 '말'만 한다는 것은 의미가 없다는 것을 깨달았습니다. '공존을 위한 대화'가 있어야 합니다. 우리가 북측의 가치를 인정하고 수용할 수 있어야 북측에 대해서도 비판하는 말을 할 수 있는 거죠. 상대방이 발전적으로 변화할 수 있는 조건을 만들어주고 상대방이 변화함으로써 얻게 되는 이익을 알려줘서 상대방이 스스로 변화할 수 있도록 하는 것이 서로에게 이익이 됩니다. 우리도 마찬가지죠. 우리도 북측과의 관계 속에서 발전적으로 많이 변화해야 합니다.

[취재 그 후…]

개성공단이라는 두 체제의 경계선에서 우리 사회를 다시 돌아보게 되었다는 면담자의 말에서 갑자기 거울이 떠올랐다. 거울은 빛의 투과도가 다른 두 개의 매질을 잇대어 만든다. 하나는 투명하여 빛을 다 받아들이는 유리이고, 다른 하나는 불투명한 재질이다. 기이하게도 빛은 이 두 개의 이질적인 재질의 경계선에서 반사한다. 독일의 철학자 비트겐슈타인도 '어떤 세계를 이해하는 길은, 그 세계의 밖에 놓여있다'고 말하지 않았던가.

1991년 12월 13일 채택되어 1992년 2월 19일에 발효된 '남북 사이의 화해와 불가침 및 교류 협력에 관한 합의서'는 남과 북의 관계를 '나라와 나라 사이의 관계가 아닌 통일을 지향하는 과정에서 잠정적으로 형성된 특수관계'라고 표현하면서 '남과 북은 서로 상대방의 체제를 인정하고 존중'해야 한다고 명시하였다. 그로부터 20여 년이 지난 지금의 현실은 어떠한지 반문해 보아야 할 것이다.

젊은 세대들에게 통일을 말하는 것이 어렵다. 그들은 분단으로 인한 상처나 혈육과의 생이별의 기억이 없기 때문이다. 활자화된 분단과 전쟁의 이야기가 더 이상 그들에게 아무런 감흥도 주지 못하는 오늘, 분단체제가 공고화되고 각각 별개의 국가처럼 인식되는 오늘, 남북기본합의서의 정신을 다시 한 번 생각해 보게 된다.

2. 개성에 있으면서 내가 나아갈 길을 찾게 되었다 _____ 박상철 과장

- 취재 이용구

전주로 내려가는 길은 화창했다. 면담자는 집이 지방에 있어서 미안하다고 전화로 몇 번이나 사과를 했는데, 덕분에, 언제 왔는지 몰랐던 봄을 만끽하게 되었다. 서글서글한 모습에 사람 좋은 미소가 인상적인 그는 개성공단 초기부터 근무했다고 한다.

현재 중견업체의 중간관리자로 북측 근로자들을 상대하는 실무적인 일을 하고 있고, 개성공단 내 남측 주재원 모임에서도 열성적으로 활동하고 있다고 한다. 다양한 경험을 해보고 싶어서 개성공단에서도 많은 사람들과 교제했다는 그를 어렵사리 만날 수 있었다.

자신과 회사에서 하시는 업무에 대해 간단히 소개해주세요.

결혼해서 아이가 둘이고, 상대를 나왔습니다. 회사에서는 해외공장 관리를 맡았었죠. 개성공단도 '해외'라고, 회사에서 파견을 했습니다.

해외근무수당도 받았죠.(웃음). 위험지역이라고 보험도 들어주었습니다. 초기에 회사를 세팅하는 업무를 했어요. 지금 와서 생각해보면 개성공단에 파견되었던 일이 개인적으로 좋은 경험이었습니다. 2005년에 회사가 개성공단 입주업체로 선정된 후 공단을 방문하다가 2007년부터 상주했어요. 국내 내수시장의 섬유봉제 쪽 상위 70~80%를 차지하는 업체들은 지금 다 개성에 있다고 보면 됩니다.

입주 초기부터 관여하신 거네요. 북측 사람들을 처음 보았을 때 어떠셨나요?

개성공단 파견 2년 만에 대리로 승진했고, 최근 과장으로 승진했습니다. 인사, 급여, 복리, 후생 등 근로자 관리의 일선 업무를 하다 보니 북측 근로자들의 애환을 직접 접할 수 있었죠. 비교적 젊은 나이라 북측 근로자들과의 접촉도 거리낌이 없었습니다.

처음 4년간은 2주에 한 번씩, 다음 2년간은 매주 집에 왔어요. 운이 좋으면 북측 근로자들이 '문화생활'하는 날을 이용해서 집에 일찍 오기도 했죠. 문화생활이란 북측 근로자들끼리 반나절 동안 사상교양도 하고 내부 생활총화도 하는 것을 말합니다.

친척 중에 실향민이 있었는데, 평생 북한의 고향을 그리워하다 돌아가셨습니다. 그래서였는지 어려서부터 북한에 대한 관심이 있었고 개성공단 근무가 거부감 없이 다가왔습니다.

저는 반공교육을 받고 자란 세대입니다. 초등학교 때 한 달에 한 번 정도 강당에 모여 반공영화를 보았는데, '똘이장군'이 특히 기억에 남네요. 북측 사람들을 뿔 달린 사람으로 묘사했는데, 지금도 생생해요. 이런 두 가지 생각들이 균형이 잡히면서, 최소한 편협된 시각으로 북측을 보진 않았다고 생각합니다.

동상이몽의 괴리감

북측 여성 근로자들이 남측 남성 주재원들에게 호감을 느낀다는 이야기가 있던데, 젊은 분이라 인기가 많을 것 같습니다. 개성공단 입주를 원하는 기업들에게 조언을 해주신다면?

그런 말을 듣긴 했습니다. 남측 주재원들이 북측 남성들보다 부드러운 편이라 그런 모양입니다. 저 역시 처음에 북측 여성 근로자들로부터, 결혼했냐는 질문을 많이 받았습니다.

북측 근로자들은 개성공단에 오면 내부교육을 받는다고 남측 주재원들한테 들었는데, 교육내용이 좀 재미있어요. '남측 주재원들은 엘리트이며 상당히 잘사는 사람들로 구성되어 있다. 주재원 중에는 심지어 스파이도 있으며, 주재원들이 북측 근로자들을 부드럽게 대하는 것은 일종의 전술이니 넘어가면 안 된다. 승용차나 옷차림도 북측 근로자들에게 보여주기 위한 것이다' 그렇게 교육을 한다는 이야기를 들었습니다. 사실인지는 모르지만요.

그런 선입견이 함께 지내면서 하나하나 깨져갑니다. 물론 그렇게 되기까지 시간과 노력이 많이 필요합니다. 보통 만 1년 이상 걸리죠. 하지만 그런 것이 깨진 후에도 어느 정도의 선을 지켜야 합니다. 친하다고 해서 긴장을 놓아버리면 부지불식간에 감정을 상하게 하는 일이 생깁니다. 우리 기준의 상식이 북측에서는 상식이 아닐 수도 있거든요. 북측 근로자들의 자존심을 건드리면 아무리 가까운 사이라도 표변하게 됩니다.

"그건 (남측) 선생 생각일 뿐이다. 그딴 소리하면 그냥 넘어가지 않겠다"라며 정색을 하고 나오는 순간 '아차' 해도 이미 늦은 겁니다.

북측 근로자들을 동등한 파트너십으로 대해야 합니다. 특히 연민이나 동정을 느끼는 것처럼 보이지 않아야 해요. 제가 보기엔 북측 근로자들은 (남측에) 피해의식 같은 게 있거든요. "저희, 그런 거 필요 없습니다." 이렇게 반응하면 아주 약한 거부의 표현이고, "우리 이런 거, 집에 많습니다." 이렇게 반응하면 아주 강한 거부의 표현입니다.

문화적 차이의 예를 하나 들어주신다면요?

2009년에 어느 회사에서 있었던 일이에요. 법인장이 사무실에 걸려 있는 북측 달력 한 장을 찢어서 휴지통에 버렸어요. 그런데 그 달력에 "위대한 령도자 김정일 동지의 건강을 삼가 축원합니다"라는 글귀가 씌어져 있었어요. 그 광경을 본 북측 근로자가 바로 직장장에게 알렸고, 전체 근로자가 식당에 모였어요. 더러는 울기도 하면서 '이런 기업에서는 일할 수 없고, 일할 이유도 없다'고 비난이 난무했죠. 결국 생산이 중단되고 말았어요.

관리위원회의 중재로 잘 마무리되긴 했지만, 우리가 보기에는 아무 것도 아니었지만 그들에게는 있을 수 없는 일이었어요. 상호 간에 너무 모르는 거죠. 상호 간의 그 모름을 이해하기까지는 시간이 걸립니다.

그럼에도 불구하고 기업의 이익을 위해서라도 개성공단과 같은 남북경협사업을 성공시켜야 합니다. 그들의 손재주는 상상을 초월해요. 집중력이 좋다고 할까요? 6개월 만에 남측 숙련공 이상의 실력을 보여주더군요. 그들에게 창고 열쇠를 주니까 오히려 생산성이 더 높아지는 것도 보았습니다. 어떤 회사에서는 남측 법인장이 한 달에 한 번 개성에 와서 중요한 사안만 결정하고 내려가는 경우도 있습니다. 모든 생산을 그들이 알아서 하니까 오히려 더 잘 돌아갑니다.

어떤 측면에서 우리 기업인들도 방법을 바꿔야 합니다. 북측 근로자들이 우리를 속이려고 하면 언제든 속일 수 있어요. 그러니 그런 문제로 그들과 갈등하기보다는 '지킬 건 지키는 일관성 있는 원칙론자'라는 인상을 주는 게 더 좋은 것 같습니다.

북측 근로자들을 보았을 때 첫인상은 어땠나요?

개성공단에 처음 들어갈 때 정부의 안보교육을 받았습니다. 처음엔 놀랐죠. 솔직히 거부반응도 있었습니다. 사람들은 처음 만나면 보통 외모를 먼저 보잖아요? 근로자들 모습이 영 안 되어 보였어요, 영양상태도 안 좋은 것 같았고요. 평등사회라고 하지만 그쪽 사회도 잘사는 사람, 못사는 사람이 있는 것 같았어요. 사무직은 외모부터 다르고 잘사는 느낌이었어요. 그쪽 사회에도 폭력성이 간혹 보였어요. 생산성을 높이기 위해 폭력을 쓰는 것을 보기도 했습니다.

그밖에도 우리가 보기에는 이유 같지도 않은 이유로 그만둔 남측 주재원도 있습니다. 다른 회사에서 발생한 일이긴 하지만, 남측 주재원이 북측 근로자에게 무심코 "야~ 이 똥강아지야!"라고 불렀다가 그쪽에서 심한 욕으로 받아들여 추방을 당한 거죠. 말뜻에 대한 상호 간의 오해에서 발생하는 갈등들이 초기에 적지 않았습니다.

업무용 컴퓨터 사용에도 문제가 많았어요. 개성공단에 반입되는 컴퓨터는 모두 정부에 신고를 해야 합니다. 특히 북측에서는 '야동' 같은 것이 있나 엄격히 검사하죠. 완전히 포맷하지 않으면 어딘가에 반드시 야동이 숨어 있습니다.(웃음) 그러면 모두 벌금 조치를 당하게 됩니다.

공단 내에 있는 평양식당이나 봉동관 같은 식당에서 일하는 봉사원들 중에는 중국 등 해외에서 몇 년씩 근무한 사람도 있고 대구유니버시아드 경기 때 응원을 왔던 사람도 있다고 들었습니다. 어느 봉사원의 평양 집 사진을 본 적이 있는데, '나이키' 모자를 쓰고 있고 옆에 윈도95 로고가 그려진 컴퓨터도 보이더군요. 그곳의 직원들은 오히려 열려 있는 것 같았어요. 기업의 근로자들과는 달리 우리가 주는 선물도 스스럼없이 받고요.

관리자로서 처음에 적응하기 힘드셨겠습니다.

한동안 내적 갈등이 많았습니다. 저는 관리자로서 그들을 어떻게 관리할 것인가 골몰했고, 그들은 자기들이 남측 기업을 '도와주러 온' 사람들이라는 입장을 갖고 있었습니다. 동상이몽인 거죠. 기업들은 처음 북측 종업원 대표인 직장장을 만나는 자리에서 "우리 종업원들은 장군님의 '6.15 공동선언'과 '10.4 선언'의 큰 뜻을 받들고 어려운 남측 중소기업들을 도우러 온 것이지 돈을 벌기 위해 이곳에 온 것이 아닙니다"

라는 말을 듣게 됩니다. 우리 기업들이 그것을 이해할 수 있을까요? 거의 대부분 쇼라고 생각합니다. 저도 그랬으니까요. 사실 근본적인 인식의 차이가 그때부터 생깁니다. 상호 이해하지 않으면 안 되는 참으로 큰 차이들이죠.

'도우러 온 것'이라는 말은 그들의 자존심을 나타내는 것 같습니다.

자존심이라기보다는 형식적이나마 그들의 직장 배치와 노동, 경제논리와 맞닿아 있습니다. 이해하기 힘드실 거예요. 저도 어렴풋하게나마 이해할 뿐입니다. 직장과 직업, 노동의 개념이 우리하고 다릅니다. 분명한 것은 그들은 국가적 조치에 의해 직장에 배치받은 거니까요.(웃음) 이것 외에도 회사는 원칙을 갖고 북측 근로자들을 대하려고 하지만 북측을 몰라서 여러 시행착오를 겪었습니다. 처음엔 우리 기준에서 속이 부글부글 끓었어요. 오해도 많았죠. 그런데 물질적 문제로 제가 화를 내면 그들은 쩨쩨하고 인색하고 괴팍하다고 생각하더군요. 심지어 '초코파이를 덜 줬다' 이런 것 때문에 쩨쩨하다는 소리를 듣기도 했습니다.(웃음)

배급사회인 북측에서는 아무리 많은 양을 지급받더라도 여간해서는 '감사하다'거나 '많다'고 표현하지 않는다고 합니다. 본인에게 할당된 몫을 당연하게 지급받는 것이라고 생각해요.. 호의로 한 번 지급한 물품이나 협의된 몫에 대해서는 기업의 경영상태가 어려워져도 꼭 받으려고 합니다. 약속으로 보죠.

이런 부탁을 하기 위해 얼마나 많이 고민했을까

개성공단에서 병에 걸려 고생했는데, 그런 일을 통해서 북측 근로자들과 더욱 가까워지게 되었다고 들었습니다.

북측은 의료환경이 열악해요. 2009년 신종플루로 개성공단에서 격리되어 남측으로 나왔는데 얼마후 제가 죽었다는 소문이 났다는 거예요.(웃음) 여직원들 몇몇이 한숨을 쉬고 울었다고 주재원들이 전해주었습니다. 그러다 완치되어 공단에 복귀하니까 북측 근로자들이 얼마나 놀라하고 진심으로 기뻐하면서 잘 대해주던지, 선물도 주고 먹을 것도 갖다주더군요. 사실 그런 모습에서 많은 것을 배웠고, 빚을 진 듯한 마음도 들었습니다. 진심으로 나를 걱정해줬다는 것이 눈에 보였거든요.

어느 날 개성에서 나오는 출경 대기선에서 기다리면서, 참 많은 생각이 떠올랐습니다. 관리자의 입장에서 그들을 활용하고 부려먹으면서 함부로 대하는 마음이 내 안에 있었다는 것을 알게 되었습니다. 그런 성찰의 시간이 있고 난 후, 저도 많이 바뀌었습니다. 지나가다가 만나면 먼저 목례라도 했습니다. 그런 조그만 실천이 그들과의 관계를 더 좋게 만들어주었습니다. 일종의 선순환인 거죠.

그들에게 진실성을 보여주었더니 그들도 제게 보여주었습니다. 아침에 제가 배고픈 것처럼 보이면 컵라면을 끓여주고, 쉬는 날에는 아이스크림을 사서 같이 나눠 먹기도 했습니다. 같이 무언가를 먹을 수 있는 사람을 '식구'라고 하지 않습니까? 그런 일들이 조금씩 쌓이면서 인간적인 소통이 가능해졌어요. 그렇게 조금씩 마음을 열어 나갔고 그들과 친해졌습니다.

부탁 하나 하기 위해 수많은 고민을 했을 그들

남측 물건들 중에 특히 그 사람들이 좋아하는 게 '약품'이에요. 일회용 밴드나 진통제, 소화제 같은 것이 많이 알려져 있습니다. 나중에 친해지니까 아이를 키우는 근로자들이 약품을 구해달라며 '후시딘' '밴드'라고 쓰인 쪽지를 제 책상 위에 두더군요. 이런 부탁 하나 하기 위해 얼마나 많은 고민을 했을까 하는 생각이 들었어요. 남들 보는 앞에서 약품을 주면 "이런 거 필요없습네다"라고 거부하지만 책상 위에 놓아두면 나중에 가져갑니다. 불량으로 처리된 회사 옷들도 자주 챙겨줬어요. 자존심 상하지 않게 챙겨줬더니 제게도 선물을 주더군요. 선물 자체보다, 서로 주고받는 마음이 있어서 푸근했습니다.

초코파이 때문에 갈등을 겪으신 것 말고 재미난 일화들을 좀 소개해주세요.

한번은 같이 근무하던 여자 사무원이 얼굴에 퍼렇게 멍이 들어 왔어요. 무슨 일이냐고 물어보니까 처음엔 "일 없습네다" 하고 손사래를 치더니 몇 번을 계속 물어보자 남편(북측에서는 '세대주'라고 부른다)에게 맞았다고 하더군요. 부부싸움이야 할 수도 있지만 아내에게 폭력을 휘둘렀다니 화가 나더군요. 그래서 같이 앉아서 '세대주' 욕을 함께 하고 그랬죠. 그런데 그 사무원이 마지막에 한 말이 재밌었어요. "때리면 맞고, 대라면 대야지(?) 어쩌겠습네까? 그래도 세대주가 최곱네다."(웃음)

문화적 차이라고 생각했어요.

북측 근로자들과 지내면서 의외였던 것은 성적 농담(음담 패설)에 대해 개방적이고 표현의 수위가 높다는 거였어요. 한번은 포장자재를 나르던 중에 통로가 좁아서 여성 근로자와 아주 가까운 거리에 있게 되었어요. 몸이 거의 닿을 정도였죠. 상황이 묘하게 되어서 제가 지나가는 말투로 "이것 참, 이러다가 가슴 닿겠어요" 했더니 옆에 있던 나이 많은 남자 직원이 그 말을 받아 "그게 뭐 닿은 겁니까? 이래야 닿는 거지" 하면서 실제로 그 여성 근로자의 가슴을 툭 만지는 겁니다. 그런데 그 근로자도 "왜 이럽니까?" 하며 도망을 갈 뿐, 특별히 불쾌한 기색을 보이지도 않고 항의도 하지 않더군요. 남측에서는 상상할 수 없는 일이지만, 마치 짓궂은 개구쟁이가 여학생들의 고무줄을 끊고 도망가는 식의, 악의 없는 장난 정도로 보였어요.

또 북측 사람들은 친해지면 사진을 보여달라고 합니다. "선생님, 애기 사진 좀 봅시다." 이러면서 서로 살아가는 이야기, 애들 키우는 이야기 등을 자연스레 하게 됩니다.

여담이지만, 인물 사진이 아닌 다른 사진을 보여주면 안 됩니다. 어느 회사 주재원이 북측 근로자의 사진을 찍어서 포토샵으로 별 생각 없이 서울 야경을 배경으로 넣었는데, 이런 게 심각한 문제가 되는 겁니다. 우리가 그들 사회와 문화를 너무 모르는 거죠.

핵이나 미사일 발사 등 남북관계가 경색되었을 때 분위기는 어땠나요?

김정일 위원장 사망 때 혹시 다른 사태로 번지지 않을까, 혹은 생산에 영향을 미치지 않을까 하고 내심 걱정을 했습니다. 물론 아무 일도 없었죠. 사실 천안함 사건이나 미사일 발사 등으로 시끄러웠을 때도 북측 사람들은 오히려 주재원들을 더 따뜻하게 대해줬습니다. "걱정하지 마십쇼. 일 없습니다." "선생님, 이럴 때일수록 밥도 더 잘 먹고 집에 전화도 더 자주 하십시오." 이렇게 다독여 주더군요.

그런 일로 서로에게 상처를 주고 싶지 않은 마음은 남측, 북측 근로자가 똑같습니다. 어떤 면에서 그들의 행복지수는 우리들이 생각하는 것보다 높아 보이기도 합니다.

남북이 소통을 하게 되면 이 정도까지 하게 되는구나

여가시간은 어떻게 보냈나요?

다른 회사 주재원들과 자주 만나서 회사 돌아가는 상황이나 공단 전체적인 의견들을 공유하고 술자리도 갖고 그러죠. 동호회 활동하는 분들도 있고요.

공단에 평양식당이나 봉동관, 중식당, 당구장, 노래방 등 여러 편의 시설들이 있어요. 회사 내에 골프 시설이 있는 곳도 있고, 운동할 수 있는 장소가 비교적 많아요. '개성FC'라는 축구동호회도 있고 배드민턴, 테니스, 바둑, 탁구, 기타 연주 등 다양한 동호회가 활동하고 있습니다.

주재원들 중에는 공단에 있는 식당의 북측 봉사원들과 친해져서 그 사람 생일에 케이크를 갖고 와서 봉사원들이 노래도 불러주고 생일파티를 해줬다더군요. 워낙 인기 있던 사람이지만, 남북이 소통을 하게 되면 이 정도까지 서로 배려하게 되는구나 싶더군요. 식당에서는 흥이 나면 봉사원들 노래에 맞춰 남측 주재원들이 함께 노래를 부르기도 합니다. 흥이 나니까 덩실덩실 어깨춤인들 없겠어요? 함께 그렇게 노래하다 보면 여기가 통일된 땅이구나… 그런 감격적인 생각을 할 때가 많습니다. 북측에도 서정성 있는 제법 괜찮은 노래들이 있습니다.

 - 남측과 북측이 함께 부를 수 있는 노래로는 '아침이슬' '찔레꽃' '아리랑' '그리운 금강산' '나그네 설움' '칠갑산' '감격시대' '봉선화' 등이 있으며, 북측 노래에는 '휘파람' '반갑습니다' '심장에 남는 사람' 등이 있다.

개성공단에서 신앙생활을 하는 데 있어 불편한 점은 없었나요?

 개성공단에도 교회가 초창기부터 있었습니다. 외관상 교회라고 드러나지 않을 뿐이죠. 신앙생활은 남측 주재원들만 하면 괜찮습니다. 혼자서 성경책 읽는 것은 문제가 되지 않죠. 단 북한 주민들이 보는 곳에서는 하지 말라고 합니다. 성경책은 체제에 위해가 된다고 생각해서인지 개성공단 들어올 때 소지물품에 적게 해요. 그리고 나올 때는 반드시 갖고 나와야 합니다.

남북 근로자 사이에 혹 연애를 할 수도 있나요?

 좋아하는 감정이야 생길 수 있겠지만, 연애 이야기는 소문만 무성할 뿐 사실로 확인된 바는 없어요. 체제와 제도가 엄격히 다른 만큼, 그리고 남북관계가 워낙 엄혹해서 연애는 상식적으로 거의 있을 수 없는 일이죠.

북한과 개성공단에 대해 잘 모르고, 알려고 하지도 않는 '북맹'들

공단이 잠정 폐쇄되고 재개되는 과정도 지켜보셨는데, 그때 이야기를 좀 해주세요.

당시 입주기업 사장님들의 인식이나 대응이 답답해 보였어요. 개성공단의 가치를 잘 설명해서 국민들 사이에 개성공단 유지의 공감대가 형성되도록 해야 하는데 그러지 못했거든요. 한마디로, 징징대는 것처럼 비춰진 면이 있었습니다. 국민들은 '자기들 밥줄 챙기기' 정도로 인식했을 거예요.

저는 개성공단이 우리 사회에 꼭 필요하다는 것을 실증적인 경제적 통계수치로 알려야 했다고 봅니다. 개성공단에는 없는 업종이 없어요. 우리나라 속옷의 70%가 개성공단에서 나오죠. 우리가 입고 있는 의복의 30%는 개성공단에서 나옵니다. 그리고 휴대폰 부품도 상당수가 개성공단에서 조립되고 있어요. 소위 '개성단가'라는 게 있어요. 개성공단에서 생산되는 제품들 때문에 가격이 엄청나게 싸게 형성되는 거죠. 그만큼 개성공단의 경제적 가치는 참으로 어마어마합니다.

그런데 "우리 회사가 힘드니 경협자금이라도 지원해주십시오"라고 했으니 큰 오해를 낳았죠. 사실 정부에서는 경협자금을 지원해준 적이 없습니다. 기껏 2~3% 저리 대출로 운영자금을 받은 것에 불과한데 국민들은 입주기업들이 무상으로 지원받은 줄로 알아요.

생각해보세요. 124개 회사의 근로자와 그 가족까지 따지면 수만 명입니다. 어디 그뿐인가요? 협력업체까지 따지면 20만 명 이상이 개성공단 덕분에 살고 있는 거예요. 그런 내용에 대한 설명 없이 개별 기업들의 상황에만 초점을 맞추다 보니 "그런 리스크도 없이 개성 들어갔냐?" "개성공단 업체들 살려줘야 한다는 논리라면 국내의 어려운 중소기업 다 도와줘야 되냐?"는 식의 말들이 나왔죠.

개성공단은 남북경협의 한 과정이자 통일의 단초가 되고 있습니다. 개성공단의 위상이나 향후 발전 가능성 또는 역할 같은 것에 대한 생각을 듣고 싶습니다.

우리 국민들이 개성공단에 대해 흔히 알고 있는 것과 실제 모습은 많이 다르다는 것을 주변에 많이 알리고 싶었습니다. 하지만 너무 많이 왜곡되어 있어서 특별히 친한 관계가 아니라면 아예 이야기를 꺼내기조차 부담스럽습니다. 북측도 사람 사는 세상이고 그런 면에서 다 똑같다고 생각합니다. 개성공단에 대한 지원을 '퍼주기'의 전형으로 보는 사람들도 있는데 무지의 소치입니다. 심지어 절더러 "왜 거기 가 있느냐?"며 나오라고 하는 사람도 있어요.

겪어보니 북측 사람들도 우리와 똑같은 사람이었어요. 사람들이 서로 친해지는 과정이 있지 않습니까? 남녀가 연애를 할 때 조금씩 자기를 보여주다가 부부가 되면 완전히 서로를 다 보여주는 것처럼 말입니다. 물론 부부 사이에서도 예의와 선은 지켜야 하듯이 남북관계에서도 서로의 아킬레스건을 건드리는 것은 현명치 못하다고 생각합니다. 아무리 부부라도 시댁과 처가 흉은 안 보는 것처럼, 남북도 서로 건드리지 않아야 하는 부분이 있다고 생각합니다.

남북관계나 통일 문제도 개성공단 경험을 바탕으로 접근하면 쉽지 않을까 생각합니다. 제발 경제만큼은 정치와 결부시키지 말았으면 좋겠어요. 보통 사람들에게 북한에 대해 물으면 대개 키워드가 핵, 미사일, 탈북, 개인숭배 등에 국한되어 있습니다. 컴맹이나 문맹처럼 우리나라 사람의 99.9%가 북한에 대해 거의 모르는 '북맹'이라고 생각합니다. 정작 북한의 사람들에 대해선 아무것도 모르고 있습니다.

저는 직장생활의 마지막 시기를 개성공단이나 북한에서 보내고 그곳에서 은퇴하고 싶습니다. 개성공단을 널리 알리고 통일의 과정에 작은 힘이라도 보태고 싶습니다. 우리 집에서 개성공단으로 들어가는 출입국사무소까지 신호등이 하나도 없어요. 남북관계도 그렇게 거침없이 진행되었으면 좋겠습니다.

[취재 그 후…]

인문학자 엄기호는 그의 저서 《단속사회》에서 "나는 타자를 통해서만 스스로를 볼 수 있으며, 타자라는 그릇에 담겨 있을 때에만 내가 될 수 있다. …… 타자를 보고 느끼고 타자를 통해 자신을 만들어가는 일체의 과정을 우리는 소통이라고 부를 수 있다."고 소통을 정의하였다.

면담자는 초기 관리자로 들어갔고, 북측 근로자들을 어떻게 '이용'할 것인가 고민하다가, 북측 근로자들과 소통하고 섞이고 깨지면서 자신이 향후 어떻게 살아갈 것인지 결정했다. 이 과정은 마치 '타자를 통해 자신을 만들어가는' 것과도 같다.

인터뷰를 하면서 느낀 것은 개성공단에 대한 이야기들은, 개성공단에 대한 경험이 없는 사람들과는 좀처럼 공유될 수 없다는 인식이었다. 면담자는 그들을 '북맹'이라는 말로 표현했다. 정작 북한이나 개성공단에 대해서는 아무것도 모르고, 알려고 하지도 않으면서, 적대적인 관점으로 농단하는 사람들이 너무도 많다는 것이었다. 우리는 개성공단을, 아니 북한을 정말 얼마나 알고 있을까?

3. 개성공단에 가는 길이 사는 길이다

– 취재 강승환

2013년의 개성공단 가동중단 사태는 입주기업 대부분에게 최고의 위기였다. S기업 김영식 대표는 당시 기업 대표들이 경영을 그만둘 생각까지 했다고 전해주었다.

S기업은 해당 업종 국내기업들이 중국이나 동남아로 공장을 이전할 때 개성공단을 택한 기업이다. 중국 제품이 쏟아져 들어오는 것을 보고 마지막 수단으로 택한 것이 바로 개성공단이었다고 한다. 김 대표에게 개성공단은 인생의 전부임을 인터뷰 내내 느낄 수 있었다.

S기업에 대해 설명 부탁합니다.

가정용 생활용품 제조회사입니다. 일반 가정에서 쓰는 생활용품을 만든다고 보면 됩니다. 1983년에 설립했으니까 올해로 32년째입니다. 판매업으로 시작해서 도매도 하고, 지금은 제조까지 하고 있습니다. 우리 일은 노동집약산업이자 기술산업이고, 또한 투자를 많이 해야 하기 때문에 자본이 있어야 하는 사업입니다.

개성공단에 투자하기가 쉽지 않았을 텐데 어떤 동기가 있었는지요?

중국 제품이 물밀듯이 들어오는 상황이라, 한국에서 제조해서는 중국 제품에 대한 경쟁력을 가질 수가 없었어요. 당시 같은 업종의 국내 회사들은 대부분 공장을 중국으로 옮겼어요. 그런데 저는 중국으로 못 가겠더라고요. 그래도 우리 땅에 공장을 둬야겠다는 생각이 들어서 개성을 선택하게 된 것입니다. 문화도 같고, 말도 통하고 또 같은 민족이잖아요.

남측의 공장을 없애고 바로 개성으로 가셨나요?

2009년에 개성에 입주하고, 남측 공장은 2011년 말에 닫았습니다. 북측 근로자들에게 충분히 기술을 습득시키고 개성 공장이 안정권에 접어들었다고 생각했을 때 남측 공장의 나머지 설비를 개성으로 옮겼죠. 개성이 안정되면서 인원도 충분히 보강되고 기술력도 좋아졌습니다.

공장을 개성으로 옮긴다고 했을 때 가족들이 쉽게 동의를 했나요?

처음에는 반대를 많이 했죠. 노동집약산업은 공장을 외국으로 옮기는 것이 기본이라고, 인건비 때문에 더더욱 가야 한다고 설득했어요. 우여곡절이 있었지만 잘 마무리되었습니다. 이왕이면 한반도에 공장을 두고 한민족끼리 하는 게 맞다는 제 생각에 가족들이 동의를 해준 셈이죠.

가족들이 어려운 결정을 하셨네요. 거래처나 친구, 친척들의 반응은 어땠나요?

싸늘했지요. 제 나이쯤 되면 회사 경영에 욕심을 안 내는데, 신규투자를 하니까 염려를 많이 하더라고요. 하지만 저는 개성공단에 가지 않으면 기업을 운영할 수 없는 입장이었습니다. 제가 중국에서 수입하는 것의 10%만 방어해도 충분히 회사를 운영할 수 있겠다는 확신을 갖고 갔어요. 그런 부분에서 자신이 있었습니다.

북측 근로자들과 개인적으로 소통할 수 없다는 안타까움

자신감이 있었다는데, 처음 입주했을 때의 소감을 이야기해주세요.

우선 문화의 차이가 가장 컸죠. 사고방식과 가치관에 대한 차이도 있었어요. 개성에 가기 전에 북한학과에 6개월 정도 다녔는데, 그때 공부를 하고 간 것이 많이 도움이 되었습니다. 예를 들어 공산주의 사회에서는 누가 문을 닫으라고 하면 내 옆에 있는 문만 닫고 대문까지는 안 닫는다는 겁니다. 비가 오면 모든 문을 다 닫아야 하는데도 말이죠.

이런 식으로 학교에서 체계적으로 교육을 받고 들어가니까 적응하기가 좀 수월했습니다.

개성공단에 어느 정도 자주 가시나요?

초기에는 거의 매일 상주하면서 설비부터 공장 건축까지 다 주관했어요. 지금은 법인장이 다 합니다. 공장이 완공되고 5월부터 제품이 생산되기 시작하면서 조금씩 빠져나왔죠. 요즘은 일주일에 한두 번 정도 갑니다. 회사 대표치고는 많이 가는 편인데, 가서 실무도 보고 생산라인도 체크하죠. 주재원들은 보통 1~2주일에 한 번 나오는데 저는 당일치기로 다녀옵니다.

개성공단에 있는 공장의 규모는 어느 정도인가요?

입주기업 중에서 중간 정도 됩니다. 근로자가 300명인데 설비업체이기 때문에 단일 공장으로는 시설이 매우 큰 편입니다.

설비업체고 기술업종이라 초기에 불량품이 많았을 것 같은데요?

처음에는 불량률이 거의 60% 정도 되었어요. 기술력은 하루아침에 생기지 않습니다. 지금은 22% 정도가 불량입니다. 많이 좋아졌어요. 물론 더 줄여야 합니다. 국내에서 9%니까 그 정도는 맞춰야 합니다.

불량률 9% 달성이 가능할까요?

많이 좋아졌는데 약간 주춤하고 있어요. 시간이 가면 해결될 문제예요. 매뉴얼에 의해 움직이니까 가능하다고 봅니다.

근로자를 대하는 것이 남측에서와 많이 다를 것 같습니다.

그렇죠. 우선 개인적인 접근이 통하지 않아요. 마음은 개인적으로 통할 수도 있지만 업무는 집단생활처럼 이루어지기 때문에 개인과 소통할 수가 없어요. 그것이 가장 큰 애로사항이죠. 우리는 개인이 갖고 있는 능력을 발견하면 키워주고 발전하게 만들어주잖아요? 그런데 북측에서는 그것이 잘 안 돼요. 남북경협이다 보니 상호 제도와 운영의 차이가 있어요.

공장을 개성으로 옮기고 난 후 주문량은 어떤가요?

주문은 많아졌습니다. 매출도 올라가고요. 북측에는 장기적으로 우리 업종의 자원이 많아요. 남북관계가 좋아지면 북측에서 원료를 갖고 올 수 있다는 상당한 이점이 있습니다. 기대가 큽니다.

문화와 언어가 같고, 물류에서 유리하고, 인건비가 절감된다는 것이 피부로 와 닿던가요?

맞아요. 그런데 그 외의 것들은 불리합니다. 하지만 인건비가 충분히 절감되기 때문에 이득이 되죠. 또한 북측에는 많은 광물자원이 있기 때문에 미래를 보고 들어간 것입니다.

처음엔 사장이 와도 쳐다보지 않던 사람들

2013년 6개월 정도 가동을 멈추었을 때는 어떤 심정이었나요?

그때 심정은 말로 표현 못하지요. 하늘이 무너지는 느낌이 어떤 것인지 그때 처음 알았습니다. 정치적 대립과 이념 차이가 무섭다는 것도 처음 느꼈고요. 저희는 개성 말고는 생산기지가 없어요. 그래서 다른 업체에 외주를 줘서 겨우 제품을 공급했어요.

6개월 동안 손해를 많이 봤겠네요.

엄청나게 손해가 났지요. 손해도 손해지만, 잠을 한숨도 못 잤어요. 잠을 자려고 누워 있으면 가슴이 막 뛰었어요. 정말 고통스러웠습니다.

그때 주재원들 철수시키고 나서 어떤 조치를 취하셨는지요?

주재원들에게는 3개월간은 정상 급여를 줬습니다. 오래가지 않을 거라고 생각했죠. 그런데 3개월이 지나도 정상화가 되지 않아서, 3개월 이후에는 실업급여로 처리했고 마지막 달에는 어쩔 수 없이 퇴사처리를 했어요. 입사한 지 오래된 직원들이었는데 그때가 가장 가슴 아팠습니다. 개성공단이 재가동되면서 70%는 복귀했습니다.

개성공단이 재가동되고 나서는 어땠나요?

느낌이 새롭더라고요. 개성에 다시 들어가니까 북측 근로자들도 우리를 반갑게 맞이해주었습니다. 공장 가동을 위해 서로 최선을 다했고 덕분에 예상보다 빨리 공장 가동이 정상화되었어요. 지금도, 북측 근로자들이 "손해 본 것을 빨리 복구하자"고 말해요. 전에 비해 관계가 굉장히 유화적이고 협조적입니다.

정치적인 것이나 이념적인 것에서 염려되는 부분이 있지만 개성공단은 서로

가 노력을 하고 있지 않나요? 우리 주재원과 북측 근로자들에게도 많은 변화가 있었을 것 같고요.

정말 많은 변화가 있었습니다. 특히 남측의 문화가 그들에게 여러 영향을 주었죠. 열심히 해서 목표를 달성하면 인센티브를 달라고 해요. 그만큼 남측의 자본주의 틀이 어떻다는 것을 알고 있다고 봐요. 처음에는 사장이 와도 쳐다보지도 않았습니다. 지금은 남측 직원들이 그러듯이 앉아 있다가도 일어나서 인사를 하죠. 우리 문화가 자연스럽게 전달되는 과정에 있다고 봅니다.

남측 주재원의 근무 시간이 북측 근로자들보다 더 길지 않나요?

우리 회사 주재원은 7명인데, 북측 근로자들보다 일이 더 많습니다. 24시간 공장이 돌아가기 때문에 근무시간도 길고요. 북측 근로자들은 점심시간이나 쉬는 시간에 배구, 탁구 같은 운동을 하고 때로는 각종 행사 연습도 하지만 주재원들은 그런 시간에도 업무에 관한 회의 등 매우 많이 바쁩니다.

그런 환경이면 스트레스가 쌓일 수밖에 없을 텐데, 가족과 떨어져 생활하니 더욱 어려움이 크겠습니다.

주재원들은 보통 토요일에 나오고 주말에 당직이 걸리면 2주일에 한 번 나오게 됩니다. 그래서 제도를 개선해서 지금은 주말당직을 서면 월요일에 쉬고 화요일에 들어오게 합니다. 가족과 떨어져 생활해본 경험이 있으면 그나마 괜찮은데, 그렇지 않은 직원들은 어려움이 큰 것 같아요. 그런 어려움 때문에 퇴사한 주재원들도 있고요.

개성에 가는 길이 사는 길

입주 5년이 지났는데, 북측 근로자들에게 변화를 느끼나요?

　많이 변화하고 있는 것 같아요. 처음과 비교하면 상당히 적극적·긍정적으로 변했습니다. 우리를 대하는 태도도 많이 달라졌고요. 외모를 봐도 옷을 전보다 화려하게 입고, 구두도 굽이 높은 것을 신고 다닙니다. 근무를 오래 한 사람일수록 많이 달라지죠. 대략 2년만 지나면 겉으로 봐서는 남측 사람인지 북측 사람인지 구분하기 힘들어요. 말하는 억양으로 구분할 정도입니다.

남북관계가 정상화되고 개성공단이 좀 더 정상화되면 서로에게 많은 도움이 되겠죠?

　우리가 갖고 있는 자본과 인프라를 활용해 북측과 힘을 합친다면 우리나라가 세계적으로 더 큰 발전을 할 수 있는 기회가 분명히 올 것이라고 봅니다. 이념적으로 통일을 이루는 것은 어렵겠지만, 개성공단 같은 방법을 쓰면 통일비용도 줄이고 북측 사람들의 자존심도 살려줄 수 있다고 봅니다. 세계적으로 국가 이미지도 높일 수 있는 좋은 기회라고 생각해요.

개성공단 기업의 입장에서 우리 기업들에 하고 싶은 말씀이 있다면….

남측에서 근로자가 150명이 넘어 인건비 때문에 사업이 어렵다는 분들에게 적극 권하고 싶습니다. 1970년대 중후반에 어떤 사업이 활성화되었는가를 살펴보고 개성에 입주한다면 성공할 수 있어요. 개성에서는 못 할 사업이 없습니다. 그러나 일단 '안전'이 보장되어야 합니다. 남측이 5.24조치, 북측이 4.3조치를 했는데 득이 되는 것은 전혀 없지 않습니까? 양쪽 다 손해만 봤고 이미지만 나빠졌어요. 이런 일은 다시는 없으리라 생각합니다. 저는 친구들이나 기업하는 분들에게 정말 강조합니다. "개성공단에 가는 길이 사는 길이다"라고요.

5.24조치가 아직 해제되지 않았고 개성공단이 제한적이나마 유일하게 열려 있는데, 앞으로도 지속될 것 같은가요?

개성공단의 지속성 여부는 정치적 문제이니 잘 모르겠습니다만, 한 가지 분명한 것은 저성장 구조에 빠진 우리 경제의 물리적, 구조적 돌파구가 바로 남북경협이라고 확신합니다. 즉 개성공단과 같은 남북경협 사업이 확실한 경제적 돌파구가 될 것이라고 봅니다. 그렇다면 당연히 확장시켜 가야 하지 않을까요?

북측 근로자들이 변화하고 있고, 우리 기업들에게도 개성공단이 희망이라면 밝은 미래가 보이는 것 같습니다.

우리가 원천 기술이 많은 것도 아니고 지하자원이 풍부한 것도 아니잖습니까? 북측의 노동력과 우리의 기술을 잘 활용하면 1970~80년대처럼 한 번 더 도약할 수 있는 좋은 기회가 올 것입니다. 지금의 남북대치 상황에서는 어렵습니다만 남북 당국 관계가 정상화되면 남북 경협은 우리 경제에 엄청난 효과를 가져다 줄 거예요. 남북이 서로 총칼을 겨누고 있었는데, 어떻게 개성공단을 만들 생각을 했었는지 참으로 대단한 발상이라 생각합니다. 개성공단 자체가 엄청난 곳입니다. 우리의 경제 현실에서 희망은 개성공단뿐입니다. 남북 대립이 이렇게 심각한 상황에서도 개성공단이 유지되는 것 그 자체가 어찌 보면 기적이라고 생각합니다.

우리 정부에 바라고 싶은 말씀이 있다면 해주시죠.

전자와 IT 같은 첨단산업의 발전도 중요하지만 기초산업도 굉장히 중요하다고 생각합니다. 기초산업을 발전시키려면 북측의 섬세한 솜씨와 우리의 기술이 합쳐져야 합니다. 정부가 적극적으로 나서서 좋은 남북 관계를 만들었으면 좋겠습니다. 이런 마음은 저뿐만 아니라 개성공단에 진출한 기업 모두의 한결같은 마음일 겁니다.

[취재 그 후···]

　김 대표는 최첨단산업도 중요하지만 기초산업도 매우 중요하다고 강조했다. 우리의 기초산업은 이제는 동남아 기업에게까지 밀리고 있다.

　30여 년간 한 업종에서 노하우를 축적한 김 대표는 개성공단만이 희망이라고 말한다. 하지만 아직도 풀어야 할 숙제가 많다. 무엇보다 남북 당국의 관계 정상화가 현재의 비정상적 공단 상황을 정상화시킬 수 있는 근본 과제다. 개성공단 기업인들은 한결같이 이야기한다. 저성장에 허덕이는 한국 경제를 부흥시킬 수 있는 가장 확실한 방법이 바로 남북 간 경제협력이라고. 개성공단의 실질적 경험이 그것을 보증하는 확실한 상징이라고.

4. 신뢰를 쌓고
근로환경만 만들어주면
그들은 어떻게든 해냅니다 ___ 최석진 법인장

– 취재 강승환

남측이 개성공단을 전쟁의 발화점으로 몰아가고 있다며 북측이 개성공단 잠정중단을 선언했던 2013년 4월 3일 이후 K기업 최석진 법인장은 매일을 눈물로 보냈다.

처음에는 '하루 이틀 이러고 말겠지'라고 생각했지만 일주일이 지나고 보름이 지나, 우리 당국이 남측 주재원 공단 전원철수 조치를 내렸을 때는 모든 것이 끝났다고 생각했다. 수년 동안 죽을 고생해서 쌓아올린 일들이 한꺼번에 물거품이 되는 것 같아 철수를 하고 나서도 잠을 이룰 수가 없었다. 본사로 돌아온 후에도 일이 손에 잡히지 않았고, 머릿속은 온통 개성공단 생각뿐이었다.

하루는 채석강에 가서 모래 위에 '개성공단 정상화'라는 글씨를 써놓고 '과연 될 수 있을까'라는 생각을 하기도 했다. 언론도 너무 모르는 것 같아 '어떻게 하면 개성공단을 알릴까' 궁리도 많이 했다. 힘을 보태

116

기 위해 개성공단 정상화를 염원하는 국토대행진에 참가하기도 했다. 매일 눈물로 개성공단을 바라볼 수밖에 없었던 최석진 법인장과의 인터뷰에서는 그의 안타까움이 그대로 느껴졌다.

만나서 반갑습니다. 간단한 회사 소개를 부탁합니다.

바지 전문회사로, 본사는 서울에 있고 공장은 개성공단에 있습니다. 지금은 바지 이외에 티셔츠 등도 함께 생산하고 있죠. 저는 법인장으로 개성에 상주하고 있습니다.

법인장은 주로 어떤 일을 하죠?

회사에서 일어나는 모든 일을 지휘합니다. 주로 생산과 품질을 지도하고 관리하지요. 남측에서 올라온 자재로 생산하는 전 과정을 총괄한다고 보면 됩니다.

북측 근로자는 어느 정도 됩니까?

많을 때는 670명이었는데, 현재는 600여 명이 있습니다. 남측 주재원은 최초 14명에서 현재는 안정이 되어 7명이 근무하고 있습니다.

주재원을 반으로 줄여도 될 만큼 운영이 안정된 거군요. 개성공단에는 언제 가셨나요?

2007년에 공장을 짓기 시작해 2009년에 북측 근로자 30명을 받고 일을 시작했습니다. 만 6년이 넘었네요.

찢어진 청바지는 거지 옷차림?

처음 북한 근로자 30명을 받았을 때의 느낌은 어땠나요?

그때의 기분을 뭐라고 표현해야 할지 모르겠습니다. 내 식구가 오는 것에 대한 기대도 있었지만, 시골에서 방금 상경한 사람들처럼 느껴져서 조금 실망하기도 했어요. 한 달 뒤에 150명을 새로 받았죠. 최초의 30명은 지금도 여전히 함께 근무하고 있습니다.

초기 30명과 한 달 동안 생활하면서 기존 생각과 다르다 싶은 것이 있었습니까?

크게 다른 것은 없었어요. 북측 근로자들은 거리를 두고 이야기하는 느낌이었습니다. 지시를 하는 게 아니라 같이 일을 하면서 "이건 이렇게 하는 거고 저건 저렇게 하는 겁니다"라고 이야기하고 소통을 하려고 노력하니까 융화가 잘 되었습니다.

개성공단에서 일하게 되었다고 했을 때 주변의 반응이 어땠는지 궁금합니다.

제 입장에 대해서 가족들에게 충분히 설명했습니다. 같은 민족인데 무서울 것이 뭐가 있느냐고, 나라 정책상 모든 것이 보호가 된다고 설득하고 갔죠.

남과 북의 근로자들 사이에 어떤 차이가 있었나요?

북측 근로자들과 일을 같이 해보니까 체력도 떨어지고 생산성도 낮았습니다. 체력이 약하니까 생산성이 떨어지는 것 같기도 하고, 사회주의 자체가 노동강도가 약했던 것 같아요. 평균주의의 폐해들도 있었죠. 열심히 일하는 사람이 있는 반면 대충 일하는 사람도 있었고요. 이제는 나아지고 있습니다.

북측 근로자들과 일하면서 재미있는 일들도 있었겠네요?

청바지를 생산한 적이 있는데, 그때는 북측에 청바지를 부각시키려고 애를 썼어요. 청바지를 입고 근무했고, 찢어진 청바지를 입고 근로자를 맞이하기도 했지요. 시간이 조금 지나니까 북측 근로자가 "법인장 선생님, 첫 대면인데, 거지처럼 찢어진 청바지를 입고 계시면 어떡합니까?"라고 하더군요. 그래서 지금은 우리 주재원들에게도 청바지를 입지 말라고 합니다. 그쪽은 아직도 우리 기준에서는 다소 전근대적인 문화라 정장 차림으로 근무하는 것을 좋아합니다. "청바지를 입으면 날라리 같으니 입지 않았으면 한다"고 이야기하더라고요.(웃음)

남측 근로자들과 일할 때와 북측 근로자들과 일할 때 무엇이 다른가요?

남측에서는 제가 뭔가 이야기를 하면 바로 진행이 되는데 북측에서는 바로 반영되지 않습니다. 저한테는 북측 근로자를 통제하고 지휘하는 권한이 없거든요. 약간은 가능하지만 큰 틀에서는 북측 종업원 대표(직장장)에 의해 일이 처리되기 때문에 우리 입장에서는 바로바로 업무처리하기가 어려운 면이 있습니다. 적응하기 제일 힘든 부분이기도 합니다. 인사 자율성, 노무관리 자율성 문제라고 하죠.

개성공단에서 지내면서 가장 불편한 것이 무엇입니까?

처음에는 우리가 북측을 잘 모르거나 이해하지 못해서 갈등이 많았습니다. 지시를 하면 일을 하는 게 아니라 "조장 선생에게 이야기해라" "종업원 대표 선생에게 이야기해라"라고 그러는 거예요. 북측 근로자들 입장에서는 전체 업무지휘체계가 원래 그랬던 건데, 우리가 몰랐던 거죠. 그래서 "내가 월급을 주는데 내 말을 안 듣고 누구 말을 듣는 건가?"라고 큰소리를 치기도 했습니다.

본사와 소통을 해야 할 때는 어떻게 합니까?

전화와 팩스를 이용합니다. 전화비는 꽤 나오는 편인데, 사용료가 1분당 400원이에요. 만만치 않은 금액이 전화료로 나옵니다. 공단 출입은 본인이 신청한 일정에 맞게 정해져 있기 때문에 급한 상황이 생겨도 곧바로 출입할 수 없는 것이 애로입니다. 기업들이 그에 맞게 사람과 차량 출입계획을 짜는 등 많이 적응하기는 했죠.

휴대폰을 못 갖고 가는데 불편하진 않은가요? 여가시간은 어떻게 보내나요?

휴대폰은 습관화되어 괜찮습니다. TV가 나오기 때문에 뉴스 궁금증은 거의 없어요. 여가시간에는 주로 동호회 활동을 합니다. 배드민턴, 테니스, 축구 동호회가 있습니다. 어떤 분은 골프도 합니다. 스크린 골프장이 있고 기업 자체 골프연습장을 갖고 있기도 합니다. 또 피트니스 센터에서 운동도 많이 합니다. 공단을 걷기도 하고 뛰기도 하지요. 또 관리위원회가 운영하는 기술교육센터에서 어학과 컴퓨터를 가르쳐

줍니다. 시간이 있을 때는 동료들끼리 술도 마시고, 당구도 치고 서로 정보들을 공유하죠.

술은 어디서 드시나요?

평양식당 등 북측 음식과 술을 마시는 곳도 있고 남측이 운영하는 식당도 있어요. 중식당과 일식집, 맥주집도 있습니다. 일반 식당도 여러 곳 있고요. 봉동관이라고 북측이 직접 운영하는 식당이 공단 북측의 접경지역에 있는데 예전에는 자유롭게 이용했습니다만 5.24조치이후 우리 당국에서 남측 주재원들의 이용을 막고 있어서 못 갑니다.

제발 개성공단 상황 제대로 알고나 기사 쓰라

천안함 사건과 연평도 포격사건이 났을 때 공단 분위기는 어땠습니까?

그런 사건이 있어도 북측 근로자들은 흔들림 없이 작업했습니다. 주재원들도 우리가 해결할 수 있는 사안이 아니기 때문에 크게 동요하지 않았어요. '개성공단이 불안하네, 위험하네, 누가 볼모로 잡혀 있네' 그런 언론 기사들 보면서, 제발 개성공단에 들어와서 직접 현실을 보고 제대로 기사를 쓰라고 따지고 싶었습니다. 개성공단 현실을 너무 모르고 막 쓰는 것 같아요. 그러니까 우리 국민들도 대부분 그렇게 알고 있죠. 오히려 개성공단 밖에 있는 사람들이 안에 있는 우리를 더 걱정해요. 아무리 아니라고 해도 믿지를 않아요. 이젠 아예 설명도 안 해요. 어차피 나만 바보가 되니까요.

개성공단 가동중단 사태 때는 어땠나요?

일단 물류가 차단되니까 납기제품 하나라도 더 내보내려고 저녁이면 혼자 끙끙거리며 짐을 싸고, 차에 실어 내보냈습니다. 지금은 웃으면서 이야기하지만, 개성공단 사람들은 그때 경험으로 이삿짐센터 하면 잘할 겁니다. 차 한 대에 그 많은 짐을 싣고 올려도 잘 가더라고요.

철수할 때까지 남아 있으면서 어떻게 생활했습니까? 식사도 어려웠을 것 같은데요.

식자재가 거의 떨어져 가는 곳도, 여유 있는 곳도 있어서 다른 회사 주재원들과 서로 나누어 먹었습니다. 주로 주재원들과 만나 근심과 걱정을 나누면서 보냈지요.

결국 공단에서 철수하게 되었을 때 여러 가지 생각이 들었겠습니다.

그때는 '끝이다'라는 생각이 들었습니다. 이미 생산계약을 체결한 물량들이 있어서 어떻게 만들어 공급하나 암담했죠. 비용이 더 들더라도 중국에서 생산해 납품했습니다. 거래가 이루어져야 하니까요. 베트남 같은 제3국으로 갈 생각도 했지만, 자금을 개성공단에 모두 투자했기 때문에 방법이 없었습니다.

6개월 동안 정지 상태로 있었으니 손해가 많았겠습니다.

손해는 이루 말할 수가 없죠. 우리 제품은 거의 OEM 방식이어서 시즌이 지난 물건은 주문회사에서 받지 않습니다. 6만 장 중 3만 장, 50%

를 받지 않았으니 손해가 컸죠.

OEM 방식으로 주문하던 기업들이 개성공단이 다시 열리고 나서도 주문을 하던가요?

처음에는 일감을 주지 않다가 개성이 다시 정상 재가동되니까 일감이 조금씩 들어오고 있습니다. 지금은 많이 나아졌어요.

공단 재가동 후 북측 근로자들을 다시 만났을 때 어떤 기분이 들었나요?

다시 만나면 진하게 포옹을 하겠다고 다짐하고 갔습니다. 북측 근로자들도 스스럼없이 다가오더군요. 다시 만나서 서로 고생했다며 얼싸안았는데 저도 몰래 눈물이…. 그때 생각하면 지금도 마음이 짠해요. 입주기업도 북측 근로자들도 모두 개성공단이 절실하게 필요하다고 새삼 느꼈습니다.

여자들은 일하고 남자들은 노는 문화

개성공단에서 만드는 제품이 남측에서 만들어지는 제품에 비해 품질이 어떻습니까?

생산성은 약간 낮지만 품질은 괜찮습니다. 북측 근로자들은 청바지를 미국의 잔재로 여긴다고 해서 초기에는 걱정을 좀 했는데 기우였습니다. 청바지에 대한 에피소드가 많은데, 청바지의 물을 빼거나 찢고 있으면 왜 생생한 옷을 찢느냐고, 왜 새옷을 헌옷 만드냐고 말들을 많이 했습니다. 그러면 남측에서도 어르신들은 이해를 못한다고 대답해 줬죠. 손자가 찢어진 옷을 입고는 장롱에 넣어놨는데 할머니가 그 옷을 보고 '내 새끼가 찢어진 옷을 입고 다닌다'며 밤새 다 꿰매 놨다잖아요. 그런 이야기를 들려주면서 그들과의 간격을 좁히려고 애를 많이 썼습니다.

북측 근로자들은 청바지를 전혀 입지 않나요?

한번 줘봤는데, 거의 입지 않더군요. 그래도 진한 청바지는 입는 편이에요. 남자들은 낚시할 때 입는다고 들었습니다. 하지만 찢어진 청바지는 절대 입지 않습니다. 문화의 차이죠. 그들 입장에서는 참으로 이해할 수 없는 문화죠. 이들은 아직 머리 염색도 거의 못 받아들이는 문화입니다. 주변에 머리를 염색한 남측 주재원이 있으면 거의 '또라이' 수준으로 "미쳤다"고 합니다.(웃음)

북측 근로자들이 접하지 못하던 문화라서 그런가요?

그렇죠. 처음에는 이해를 못했습니다. 옷의 색깔을 빼는 것도 우리가 하라니까 했죠. 그래도 지금은 어떻게 색깔을 빼는지 의논을 할 정도로 일은 잘 합니다. "이 색깔은 덜 빠졌구나" "이것은 잘 빠졌구나" 하고 배워가고 있습니다. 우리가 때로는 피팅(마네킹 대신 사람을 이용해 옷의 외관과 착용감을 점검하는 것)을 좀 해보려고 옷을 입어보라고 하면, 면바지는 입어도 청바지는 여전히 잘 입으려고 하지 않아요.

북측 사람들과 생활하다 보면 아무래도 거리감이나 이질감이 느껴질 것 같습니다.

그렇게까지 많이 느끼지는 않습니다. 그런데 그들이 '일'보다 더 중요하게 여기는 것이 있습니다. 아침마다 갖는 '독보회' 시간입니다. 독보회는 신문을 비롯한 교양자료를 전체가 함께 모여 읽으면서 국가 정책과 시사문제 등을 이해하기 쉽도록 해설해주는 모임이에요. 언젠가 급히 작업을 해야 하는데 그날도 아침 독보회를 하고 있어서 "지금 이게 중요한 것이 아니고 일이 중요하지 않는가?"라고 큰소리를 쳤더니 오히려 저에게 면박을 주더군요. "지금 당의 지령을 받고 있는데 몰상식하게 무슨 말씀을 하는 거냐?"고. 그래서 "아, 그런가? 몰랐다. 일이 긴박하니 답답해서 그런 거다. 다음부터는 주의하겠다" 하고 말았죠. 일상적으로 돌아가는 집단주의의 한 모습을 본 거죠.

독보회 말고 다른 것은 없습니까?

일보다 전체 집단행사를 우선시하는 것 같아요. 집단주의가 강하다는 이야기는 들었을 거예요. 우리하고 본질적으로 많이 다른 건데, 집단 행사가 있으면 일을 하다가도 손 놓고 갑니다. 일하다가 그러면 참 당혹스럽죠. 물론 이제는 사전에 협의하고 양해를 구합니다.

갈등이 있었겠네요.

갈등은 있지만 그것을 인정해야지, 인정하지 않으면 나만 속상하고 마음 아픕니다. 전체적으로 내려오는 지시라서 아무리 막으려고 해도 막을 수가 없어요. 우리는 생산이 우선이지만 북측은 집단이 우선입니다. 그것을 모르면 열불 터집니다.

납기일이 코앞으로 다가왔는데도 행사하러 가면 어떡합니까?

회사가 급하게 납기일을 맞춰야 한다면 그들도 노력은 합니다. 막무가내로 약속을 파기하지는 않아요. 비운 만큼 보강을 하죠.

북측 근로자들이 남측 주재원들을 보면서 오해할 부분이 있다면 어떤 것일까요?

남측의 젊은이들은 유행도 따르고 표현 방법이 발랄한데, 이들은 아직 우리 기준에서 전근대적인 것 같습니다. 우리가 여름에 반바지 입은 모습을 보고 "상스럽게 옷이 그게 뭐요?"라고 핀잔을 준 적도 있어요. 또 남측 여자들이 담배 피우는 것을 아주 충격적으로 받아들여요. 거래처에서 온 남측 여성이 담배 피우는 것을 본 북측 근로자가 정신적 충격을 받아서 저한테 달려온 적도 있어요.(웃음) 또 남자보다는 여자가 더 일을 많이 하는 것 같아요. 60kg 정도 되는 원단을 차에서 내리는데 남자들은 일하지 않고 여자들만 하는 겁니다. 어떻게 그럴 수 있냐며 나무랐더니 마지못해 하더라고요. 이제는 좀 좋아졌어요.

이렇게 문화가 다른데, 그들이 남측 주재원들에게 처음 느꼈던 감정과 지금은 좀 다르겠죠?

처음에는 그들의 이야기가 어디까지가 진실이고 거짓인지 몰랐습니다. 그들도 마찬가지였겠죠. 남과 북이 서로 모르는 것은 거의 똑같다고 생각합니다. 우리도 그들을 모르지만 그들도 우리를 많이 모르는 거죠. 그래도 지금은 조금 자연스러워진 것 같아요. 그들도 이제는 우리들을 인정하고 다소 신뢰한다는 느낌이 좀 있어요.

일을 같이 하면서 북측 근로자들도 우리 동포라는 느낌을 받나요?

그 사람들 눈빛을 보면 그런 느낌이 옵니다. 우리처럼 열심히 일하는 사람이 정말 많아요. 열심히 일하는 사람을 보면 정말 고맙지요. 그런데 고마운 마음에 등을 토닥거리면 옆 사람들 눈치를 보면서 몸을 뒤로 빼요. 같은 민족으로서 감정 표현을 자연스럽게 해야 하는데 정부 당국 간 대립의 여파인지 좀체 자연스러워지지가 않아요.

5년 동안 정든 사람도 많았겠습니다.

그렇죠. 초창기에 만난 사람들끼리 굉장히 돈독하게 지냅니다. 남측 주재원들도 처음에는 몇 사람 없었으니까 같이 재봉도 하고 현장에서 일을 많이 했거든요. 함께 고생하면서 일을 하면 동류의식이 생기잖아요. 초창기 함께 고생했던 사람들은 지금도 기억하고 고마워하고 있습니다.

마음을 터놓고 이야기할 정도로 친한 근로자도 있나요?

친하다고 해도 따로 만나 이야기하는 게 아니라 오픈된 공간에서 일하면서 기본적인 안부를 묻는 정도입니다. 지금 내가 어떤 일이 있는데 그 일을 어떻게 풀었으면 좋겠는지 물어보면, 그 사람 나름대로 어떻게 풀라고 이야기하는 것도 있고…. 그들의 가벼운 생활상 같은 것도 물어보면 이야기하죠.

회사에 일이 없을 때는 노래자랑과 구연동화를

북측 근로자들의 기술력은 어느 정도인가요?

기술력이 많이 좋아졌습니다. 남측이든 북측이든 조선 사람들이 손재주는 있다고 봅니다,

그래도 남과 북을 비교할 수 있지 않을까요? 남측에서 5년 일한 사람과 북측에서 5년 일한 사람은 차이가 있을 것 같습니다.

기술 향상은 그 사람의 성격에 달린 것 같습니다. 남측에서도 사람 성격에 따라 다르잖아요. 오래 했어도 발전을 못하는 사람이 있는가 하면 한두 달 해도 금방 따라오는 사람이 있습니다. 북측 사람 중에도 남측 사람보다 더 잘하는 사람이 있는데, 그만큼 더 주고 싶어도 못 주니까 안타깝습니다. 물론 임금을 받는 만큼 값어치를 못하는 사람도 있죠.

북측 근로자들의 평균 연령은 어느 정도입니까?

우리 회사는 평균 연령이 높습니다. 마흔한 살 정도 되고, 남녀 3:7 정도입니다. 개성에 있는 사람들은 거의 다 공단에 들어와 있다고

보면 됩니다.

북측 근로자가 이직을 하는 경우도 있나요?

이직은 거의 없습니다. 이직률이 낮은 것도 개성공단의 큰 장점입니다.

아이가 있는 여성 근로자들도 있을 텐데, 탁아소가 따로 있겠죠?

네, 공단 안에 한 군데, 바로 외곽에 한 군데 있어요. 보통 출근할 때 아이를 맡기고, 오전에 젖 한 번 먹이고 오후에도 한 번 먹입니다.

북측 근로자들은 퇴근 후 집에 가서는 어떻게 생활합니까?

자세한 것은 모르지만 각자 협동화 단지에서 맡은 일이 있는 것 같아요. 자신이 맡은 일은 일요일에도 하는 것 같습니다. 그래서 일요일에 특근을 해야 할 때, 자기는 안 된다고 말하는 사람이 있습니다. 그런 일이 평일에도 조금씩 있는 것 같아요. 평일에 야근이 예정되어 있을 때 미리 와서 '이날은 꼭 빼달라'고 이야기하는 사람이 있거든요. 개성공단 일 말고 집단주의 속에서 개인별로 별도의 어떤 일들이 있는 것 같아요. 늘 그런 것 같지는 않지만.

북측 근로자와 가까워진 계기가 있나요?

생산에 도움이 되는 것은 다 들어준다고 하니까 모든 것이 바로바로 해결되더군요. 그러면서 좀 가까워진 것 같습니다. 그들도 적극적으로 생산에 걸림돌이 있으면 바로바로 해결하겠다고 하더군요. 어찌 보면 작은 것인데, 이런 것이 신뢰의 발판이 되니까 일하기에도 편해요. 신뢰가 깨져버리면 힘들거든요.

공장에 일이 없을 때는 무엇을 하나요?

노래자랑 같은 것을 하게 합니다. 남측에서는 노래하라고 하면 안 한다며 빼고 그러는데 북측에서는 그런 게 없습니다. 매우 적극적이에요. "어이, 와서 노래해!" 그러면 얼른 와서 하는데, 참 잘해요. 정말 꾀꼬리같이 잘하죠. 구연동화도 시켜봤는데, 잘 하더군요. 구연동화 내용 중에 "노력동원에 일하러 나오라고 할 때는 아프다고 안 나오더니 배급 줄 때 되니까 잽싸게 1등으로 왔군요"라며 풍자하는 것을 보고 많이 웃었습니다.

노래나 구연동화 말고 다른 것도 하나요? 평소 쉬는 시간에는 무엇을 합니까?

1인 1악기로 연주를 합니다. 악기는 기타, 아코디언 등이죠. 기업마다 밴드가 있어서, 행사 때 기업별로 경연대회를 열기도 합니다. 점심시간에는 거의 배구를 합니다. 대체로 남자들이 하고 여자들은 응원을 해요. 기업별로 선수를 뽑아 다른 공장에 가서 시합도 합니다. 어떨 때 보면 배구가 국기 같아요.

남측 주재원들도 같이 하나요?

남측 주재원들은 구경하거나 휴식을 취합니다. 개성공단 남측 근로자들은 일이 엄청 많은 편이에요. 낮에는 기술교육하고 저녁에는 정리를 해야 하니까 피곤할 수밖에 없습니다.

점심 먹고 배구하다 보면 오후 근무가 좀 늦게 시작될 수도 있겠습니다.

조금 늦을 수는 있죠. 하지만 대체로 시간을 지키는 편이에요. 배구 시합으로 늦었다 싶으면 초과한 시간만큼은 채워줍니다. 일이 있어 1시간 정도 일찍 갈 때도 "다음에 채워주겠습니다"라고 이야기해요.

우리는 식사 후에 담배를 피우거나 커피를 마시는데 북측 근로자들은 어떻습니까?

북측 남자들 담배를 엄청나게 많이 피웁니다. 커피는 사무실 근로자들은 많이 마시죠. 쉬는 시간에 작업장을 다녀보면 계절에 따라 먹는 것이 다릅니다. 옥수수나 콩도 먹고 찐고구마도 먹습니다. 대체로 드러내놓고 먹지는 않는데, 어떤 때는 제가 같이 나눠 먹자고 이야기하죠. 같이 먹는 것을 은근히 좋아하는 것 같아요. 처음에는 사무실에 있는 남측 주재원들이 음식을 갖고 와서 같이 먹자고 하면 같이 안 먹었어요. 그래서 북측 대표를 불러서 "같은 민족인데 음식은 서로 나눠 먹고 지내는 게 좋지 않은가? 나는 같이 먹으려고 갖고 왔는데 당신들이 먹지 않으면 예의가 아니지 않은가? 우리만 먹으면 이상하다"고 했더니 알겠다고 하더군요.

간식으로 초코파이나 커피믹스를 준다고 들었습니다. 그 외에 다른 간식도 있나요?

2014년까지 소위 노동보호물자라고 해서 그런 것들을 줬지요. 2015년부터는 일체 금지하고 있습니다. 총국 방침인 것 같아요.

개성공단을 잘 선택했다는 생각

북측 근로자들에게 경조사가 있을 때는 어떻게 하나요?

회사에서는 따로 조치를 취하는 것이 없습니다. 경조사에 대해 공식적으로 이야기해주지 않으니 잘 모르죠. 왜 휴가를 가는지 캐물어야 결혼이나 장례식 등을 이야기합니다. 아직 그만한 신뢰가 없다는 것인데, 전체적인 공단의 비정상적 상황도 관계가 있는 것 같습니다.

우리의 경우 경조사가 있으면 근로자끼리 얼마 걷기도 걷고 회사에서도 성의를 표하는데, 어떻습니까?

네 비슷한 것 같습니다. 소위 계 조직 등이 있는 것 같습니다. 자기들끼리 돈을 걷는 것을 봤는데, 계 목적인 것 같았습니다, 경조사 때는 상호 부조가 발달되어 있는 것 같아요. 집단주의가 강하니까요.

우리는 명절과 국경일에 쉬는데 북측은 어떤가요? 여름휴가도 있을 것 같습니다.

태양절이라 불리는 김일성 탄생일, 광명성절이라 불리는 김정일 탄생일이 제일 큰 명절이죠. 쉬는 것은 하루나 이틀 정도예요. 추석이나 설날에도 3일 정도 쉽니다. 북측 휴일이 우리보다 며칠 더 많은 것 같아요. 여름휴가는 특별히 없는 것 같고요.

북측 근로자들은 작업을 할 때 어떤 대화를 나누던가요?

작업 중에는 거의 말을 하지 않습니다. 현장 작업이 컨베이어 시스템이어서 매우 바쁘게 돌아갑니다.

생산성은 어떤가요?

생산량이 어느 정도 오르면 조절하는 것 같아요. 그래서 생산량이 잘 나오다가 어느 날 확 떨어질 때가 있어요. 눈에 보이죠. 인센티브나 탄력적 임금 적용이 되지 않아서 그런 점도 있는 것 같아요. 임금이 똑같으니까요.

생산량이 떨어지도록 조절한다는 겁니까?

그렇죠. 이유 없이 떨어질 때는 환장하죠. 정말 이해가 안 되거든요. 개성공단이 참 안타까운 것이, 회사별 종업원 대표(직장장)에 따라 성과가 달라진다는 겁니다. 직장장이 회사 사정을 잘 이해하는 사람이면 그 회사도 발전하지만, 이해도가 떨어지면 회사도 발전이 없어요. 개성공단의 북측 종업원 대표들은 어느 정도 남측 기업들의 기본적인 이해에 대해 교육을 받고 왔으면 좋겠다는 생각이 들어요.

입주기업 법인장들 모임도 있나요?

있지요. 만나서 공단 돌아가는 상황에 대해 의견을 나누고 어려운 점이 있으면 공유합니다. 북측 사람들은 회사에서 일어난 모든 일을 아침저녁으로 '총화'를 합니다. 총화란 그날 일들에 대해서 이야기하고 평가하는 것을 말합니다. 이런 총화를 통해서 남측 주재원들과 기업의 상황들을 공유하는 것 같아요. 한번은 총국에 오랜만에 갔더니 "법인장 선생! ○○도 가고, ○○도 가면서 총국에는 왜 자주 안 옵니까?"라고 하는데 정말 놀랐어요. 회사 사정을 훤히 알고 있다는 거거든요.

북측 근로자들과 생활하면서 보람을 느끼는 건 언제에요?

일할 수 있는 환경만 만들어주면 그들은 어떻게든 해냅니다. 신뢰가 쌓인 상태에서 작업 지시를 정확히 전달해주면 그들은 뭐든지 합니다. 그런 것을 보면서 보람과 가능성을 느끼죠. 개성공단을 잘 선택했다는 생각도 들고요. 그들은 정말 잘 할 수 있는 사람들입니다. 남북관계의 거시적 조건만 정상화되어도 많이 달라질 겁니다.

앞으로 개성공단이 어떻게 발전할 것 같은가요?

남북관계가 지금처럼 대립적인 상태에서는 더 이상 발전할 수 없을 것 같습니다. 빨리 남북관계가 정상화되고 개성공단 관련 합의사항들이 정상적으로 지켜져야 합니다. 지금의 개성공단은 사실상 비정상이에요. 기숙사 건설 등 우리 정부가 지키지 않은 약속들도 지켜야 합니다. 특히 기숙사 건설은 공단의 최대 난제인 인력난 해소를 위해 꼭 필요합니다.

134

혹시 북측 근로자들과 통일에 대해 이야기를 나눈 적이 있습니까?

일반 근로자들과는 잘 이야기 못하지만, 간부 근로자들은 이구동성으로 통일은 반드시 되어야 한다'는 말을 자주 합니다. 열렬하죠. 일반 근로자들도 거의 똑같을 거예요.

남측에는 개성공단이 '퍼주기' 사업이라고 하는 사람도 있는데, 이에 대해 어떻게 생각하나요?

저는 절대 그렇게 생각하지 않아요. 개성공단을 모르고 하는 소리입니다. 남과 북이 함께 윈-윈하는 곳입니다. 엄밀히 이야기하면 개성공단은 남측 경제 전체적으로 우리가 더 많은 이윤을 가져오는 곳입니다. 개성공단이 우리 남측 경제에 미치는 영향을 제대로 알아야 합니다.

[취재 그 후…]

　최 법인장과의 인터뷰는 약 2시간 동안 진행되었다. 적극적 성격의 숨김없는 소탈한 답변들마다 개성공단에 대한 애정이 진하게 묻어났다.

　법인장에 따르면 개성공단에서 근무하는 북측 근로자는 고갈 상태에 이르렀다. 더 많은 근로자가 공급되려면 집단적으로 데리고 와야 하기 때문에 기숙사를 지어야 한다. 2007년 12월 남북은 개성공단 기숙사 건설에 합의했다. 그러나 2008년 집권한 이명박 정부는 합의 두 달 만에 이를 부정했다. 정부간 신뢰가 깨진 자리에 기업들만이 고군분투하고 있다.

　청바지를 생산하는 북측 근로자가 찢어진 청바지를 입고 근무하는 날이 언제쯤 올 수 있을까?

5. 그네들이 울더라
우리도 같이 울었다
이게 뭔 짓인지…

양명진 법인장

– 취재 이용구

경기도의 사무실에서 만난 면담자는 다음날 새벽 일찍 개성공단으로 들어간다고 말했다. 개성공단 입경 때문에 업무회의가 길어져, 인터뷰는 늦은 밤에 진행되었다.

간단하게 인사를 하고 짜장면을 먹으면서 시작된 인터뷰였다. 걸걸한 목소리를 지닌 면담자는 50대 중후반의 나이로 보였다.

개성공단 현지 책임자라 들었습니다. 회사에 대한 간략한 소개를 부탁드립니다.

개성공장 법인장입니다. 개성공단에 있는 회사 대표라고 생각하면 됩니다. 회사는 2007년에 입주했고, 400여 명의 북측 근로자들과 대여섯 명의 남측 주재원이 근무하고 있습니다. 북측 근로자들의 평균 연령대는 남자들은 40대 중반이고 여자들은 다양해요. 남자와 여자의 비율은 4:6 정도입니다.

북측 근로자들을 처음 보았을 때 어떤 인상이었나요?

첫 느낌은 누구나 그렇듯 긴장감, 경계감이 주된 감정이었고 선입견과 우월감도 없지 않았습니다. 여러 가지 다양한 감정이 있었습니다.

공단에 입주하기 전 교육을 받으면서 말조심하라는 이야기, 듣는 것과 보는 것에 대해서 주의하라는 얘기를 많이 들었습니다. 남자들끼리의 간단한 포옹 같은 것도 문제가 된다고 주의를 주더군요. 대개 초보자들이 저지르는 실수는 이런 주의사항을 망각했을 때 일어나지요. 그래서 긴장할 수밖에 없었습니다. 그들도 우리를 경계하는 눈치였고, 누군가 나를 감시하고 있을지도 모른다는 생각이 들기도 했습니다.

'생각의 자유'는 있지만 '표현의 자유'는 없는 곳

내일 출경하려면 힘들겠습니다. 출입경을 반복하다 보면 스트레스도 많겠어요. 개성에 들어가면 어떤 점들이 힘드나요?

개성에 들어가면 보통 2~3주 정도 머물게 됩니다. 주재원들이 처음 들어가면 스트레스를 많이 받아요. 우리끼리 있을 때는 표현의 자유가 있는데 북측 근로자들과 같이 있을 때는 마음껏 말할 수가 없잖아요. 같은 민족이지만 체제와 제도가 다른 국가로 '국경선'을 넘어간 거잖아요. 많은 해외지사들이 있지만 개성공단만큼 표현의 자유가 제한되는 곳은 없을 거예요. 거기서 첫 번째 스트레스가 옵니다. 생각의 자유는 물론 있습니다. 그러나 표현의 자유, 행동의 자유는 적어요. 요즘은 사실 많이 좋아졌어요. 초창기 때는 아주 작은 실수나 잘못도 간단히 지나가지 않았어요. 남측 주재원이 처음 발령받아 올라가거나 낯선 사람이 작업장에 들어가면 그쪽 사람들이 일제히 쳐다보는데, 그 기분이 참 묘합니다.

무척 곤혹스러울 것 같습니다. 경계심 아니면 호기심 같은 거겠죠?

호기심과 경계심이 섞여 있는 거겠죠. 그런데 어느 정도 시간이 지나면, 일단 말이 통하니까 서로 상대방을 알고 느끼게 되더군요. 몇 개월이 지나고 서로 알게 되면 대화가 훨씬 수월해져요. 대화 내용이 민감하고 수위를 좀 넘더라도 그냥 지나칠 수 있습니다. 하지만 위험하다 싶으면 주의나 경고를 하죠. "이건 좀 아니지 않습니까?"라는 식으로. 특히 남북관계의 영향을 많이 받아요.

안타까운 건 남측 주재원들과 접촉할 수 있는 북측 사람들이 주로 직장장이나 작업반장 등 조장급 이상이라는 점입니다. 현장의 하급 근로자들을 보면, 북한이 평등사회라고는 하지만 그렇지 않다는 것이 눈에 보입니다. 힘들고 어려운 일을 하는 하급 근로자들에게 따뜻한 말이라도 한 마디 건네려고 하면, 오히려 그들이 물러서거든요.

공장의 최고 책임자로서 북측 근로자들과 직접 대면할 기회가 많습니까?

근로자들에게 전달사항이 있으면, 원칙적으로는 북측 근로자 대표인 직장장을 통해서 전달합니다. 하지만 매번 절차를 밟다 보면 시간이 걸리잖아요. 작업 방법을 전체적으로 변경하는 경우라면 절차를 밟지만, 일의 속성상 개별 근로자들이 일을 잘하는지 못하는지 이런 것은 직접 지시하기도 합니다. 그런 점에 대해선 북측에서도 문제 삼지 않아요. 가벼운 담화는 언제든지 할 수 있습니다. 그러나 정치적 이야기는 거의 하지 않죠.

북측 근로자들도 궁금한 걸 많이 물어보곤 합니다. 언젠가 연휴 지나고 나서 복귀하자 북측 근로자들이 묻더군요.

"법인장 선생, 잘 쉬었어요?"

"아휴~ 힘들게 고향 다녀왔어."

"어디요?"

"어디라면 알아? 경상도 어디쯤인데, 장시간 운전하고 왔더니 피곤해 죽겠어."

이렇게 말하면 의아하게 여겨요. 자신들의 기준에서 특별한 목적이나 이유 없이 연휴에 통행증 없이 다른 지방으로 자유롭게 가본 적이 없기 때문에 제가 하는 말에 대해 호기심을 갖고 질문도 하고 반문도 하는 거죠.

자신들이 겪어보지 못했거나 해보지 못한 일에 대해서는 상상하기 어려운 거 겠지요.

그렇죠. 처음엔 제 말을 거짓말이라고 생각했을 것 같아요. 지금도 그 일에 대해 묻는 걸로 봐서는…(웃음)

그럼에도 기업들이 개성을 포기 못하는 이유

개성 외의 다른 나라에서 지사나 현지 공장을 운영해본 적은 없으신가요? 특히 사회주의권 국가들에서의 경험이 있다면 기업인으로서 개성공단의 가치를 비교할 수 있지 않을까요?

베트남이나 미얀마, 중국, 캄보디아, 그리고 사회주의 국가는 아니지만 인도네시아 같은 나라로의 진출을 말한다면 우리 회사는 간접적인 경험만 있습니다. 다른 회사들의 경험도 업종에 따라 차이가 있을 겁니다. 그러나 이윤을 따르는 것이 기업의 속성인데, 개성공단 잠정중단 기간에 해외에 거래처나 생산 공장이 있는 회사들도 개성공단에서 완전 철수한 곳이 없다는 것이 질문에 대한 답이 될 겁니다. 개성을 포기하지 못하는 이유로는 인건비, 접근성, 기술성 등을 꼽을 수 있지요. 특히 지난 10년 동안 개성공단에서 근무한 북측 근로자들의 생산력이나 기술력이 만만치 않아요.

개성공단에는 개개인의 생산성 향상에 대한 보상, 이를테면 성과급 같은 제도가 없다고 들었습니다.

북측 근로자들도 '시간'으로 따지는 일은 적극적으로 더 근무하고 싶어 합니다. 예를 들어 연장근로 같은 건 시간으로 계산하기 때문에 바로 표시가 나잖아요. 하지만 같은 시간에 수량을 더 많이 생산하는 등의 생산력 향상에는 열의를 보이지 않아요. 노동강도 내지는 노동생산성이 낮다고 볼 수 있죠. 그런데 최근 북한에서도 균등분배 원칙을 철

폐했다고 하더군요. 그러면 이 사람들이 생산성이 많이 나아질 겁니다.

결론적으로 북측에서의 노동 생산성은 개개인의 성향이나 노력이 아니라 집단주의적 목표에 좌우됩니다. 북측 근로자 대다수는, 생산성을 올려봐야 의미도 없고 오히려 다른 사람들에게 눈치가 보일 수 있습니다. 기업이 생산성을 올리려면 기업 내 북측 근로자들 전체의 성과로 돌아가게 하면 됩니다.

한편으론 남측 주재원과 개인적으로 친해지면 소위 '찍히는' 분위기도 있어요. 친해져서 농담 한두 마디 정도는 할 수 있지만, 수시로 그런 모습이 비춰지고 겉으로 표시가 나면 그 근로자는 사상교육 등을 받게 되는 것 같아요. 특히 남북관계가 대립적이 되면서 그런 비정상적 관계들이 더 심화되는 것 같아요. 그래서 인간적으로 좋아하고 친해져도 표를 잘 안 내죠. 정말 괜찮은 북측 근로자가 있으면 오히려 좀 더 멀리하기도 합니다.

남측 주재원이 북측 근로자와의 대화나 행동 중에 실수를 하면 어떻게 되나요?

중요한 실수를 하면 벌금을 물거나 사죄문을 씁니다. 남측 주재원의 실수가 상부에 보고될 정도라면 상대방 북측 당사자는 이미 사상교육을 받았다고 봐야 합니다. 대부분 그 선에서 마무리됩니다. 사죄문을 쓰는 경우는, 남측의 신문을 모르고 개성공단에 갖고 왔거나 성경책 같은 물품을 신고 없이 갖고 왔거나 하는 경우입니다. 이런 물건들이 우리 모르게 가끔 작업물량에 섞여 들어오거든요. 또 거래처에서 물건이 파손되지 않도록 신문지에 싸서 보내는 경우가 있는데 하필 그 신문에 북측 체제에 대한 비판 내용이 있다든지 하면 사죄문을 써야 합니다. 그 이외에 남측 주재원이 사죄문을 쓰는 일은 드뭅니다.

남한 사람들은 머리에 뿔 난 도깨비?

평소 개성공단 근무는 어떤 식으로 하는가요?

북측 근로자들의 노동시간은 하루 8시간이고 점심시간은 노동시간에서 뺍니다. 특이하게 주중 하루는 오전 또는 오후 근무만 합니다. 북측 근로자들은 자체적으로 모여 '문화생활'이란 것을 하는데, 주로 사상교육 또는 정부나 당의 지침을 정기적으로 받는 것으로 알고 있습니다. 영화나 연극도 본다는데, 문화생활이라기보다는 문화교육이지요. 근무시간은 주 48시간인데, 이렇게 빠지는 시간을 채우기 위해 하루 9시간 근무합니다.

일거리가 많아 대부분 연장근무를 합니다. 연장근무는 하루 2시간인데, 이때 초코파이나 라면, 커피 같은 노동보호물자를 지급합니다.

퇴근 후 여가시간은 어떻게 보내나요?

대체로 바쁘기 때문에 퇴근하면 곧바로 잠을 잡니다. 그 외에는 다른 회사 주재원들과 술을 마시든지 모임을 하면서 공단 전반에 대한 정보들을 공유하죠.

개성공단에서 잘 못 버티는 분들은 대개 내성적이고 비사교적인 사람들입니다. 어느 사회나 마찬가지죠. 사람들과 잘 어울리지 못하면 개성공단은 특히 힘듭니다.

개성공단이 북측에 있어 불편한 점은요?

인터넷이 안 되는 거죠. 이메일을 사용할 수 없어서 답답해요. 납기 문제나 원청업체의 클레임 등 문제가 발생했을 때 신속하게 거래처에 의뢰하고 조치를 취해야 하는데 그런 게 힘들죠. 그 이외에 개인적인 불편함은 울타리 안에 있다는 느낌? 누군가 감시하고 있다는 느낌이나 행동을 내 마음대로 할 수 없다는 것 등 정신적 스트레스가 애로사항이죠.

주어진 틀 안에서만 움직여야 한다는 강박감이 처음에는 심했어요. 지금은 많이 좋아졌지만 환경이나 제도가 더 좋아진 게 아니고 적응이 된 거죠. 그러나 5.24조치 이후 북측의 통제나 압력은 전보다 더 심해졌다고 보면 됩니다. 더 조이는 느낌을 받아요. 아무래도 서울처럼 자유스럽진 않으니까요.

처음 개성공단에 간다고 했을 때 주변에서 걱정하지 않았나요?

당연히 처음엔 다들 걱정했습니다. 그러나 지금은 몇 년 지났으니 큰 걱정들은 내려놓은 눈치입니다. 여담이지만 이 생활 4~5년이 넘으면 남측에 있는 대인관계가 많이 단절돼요. 자주 보지 못해서 그렇습니다만 우리 스스로 폐쇄적으로 변해갑니다. 내려와서 만나는 사람도 70~80%는 개성공단 관계자들이에요. 평소 대화를 많이 하던 사람들끼리는 대화가 지속적으로 이어지지만 어쩌다 만나는 사이에는 "잘 있었냐?" 한

두 마디 하면 더 이상 대화가 안 되잖아요.

개성공단에 있으면서 북측에 대한 시각이 변한 게 있다면요?

저는 북한에 대한 특별한 선입견은 없었습니다. 그러나 막상 겪어보니 우리 사회와의 이질감은 큰 것 같아요. 물론 같이 대화할 수 있는 상대는 되지만, 깊이 있는 대화는 서로 못합니다. 그들의 사회질서가 이해가 되니까 내가 개성에서 할 수 있는 것과 해서는 안 될 것이 선이 그어지더군요. 이것도 경험에 의해 터득했다고 봐야지요.

그들도 처음에는 남한 사람들을 신기해했어요. 머리에 뿔이 난 줄 알았대요.(웃음) 우리가 그들을 이상하게 생각했던 것 이상으로 그들도 우리를 이상하게 생각한 거죠.

북측 근로자들과 어떤 갈등이 있었나요? 어떻게 해결을 하셨나요?

항상 문제의 소지를 안고 있어요. 우리 사회에서는 일에 대해서만큼은 상명하복 관계가 있잖아요. 그런데 개성공단에서는 뭐든지 직장장을 통해 절차를 밟아야 하니까 화나는 일이 많았어요. 초창기에 그들의 사고방식을 이해하지 못해서 생긴 일도 많았고요.

제가 느끼기엔, 북측 근로자들은 일단 자기들의 실수를 숨기려는 부분이 많았습니다. 어떤 사고가 터지면, 우리가 뻔히 알 수 있는데도, 아니면 우리가 분명히 봤는데도 딱 잡아떼는데, 아주 돌아 버리겠더군요. 이런 것에 적응하기가 힘들었습니다. 이 사람들은 자기들의 과오를 인정하면 '크게 다친다'는 인식이 있는 것 같았습니다. 그래서 잡아떼고

봤어요. 사람은 누구나 실수하기 마련이잖아요. 그런데 실수 자체를 숨기려고 하니 회사 측에서도 종종 낭패를 보기도 했습니다.

오죽하면 제가 근로자들이나 조장급들에게 "사고가 나면 먼저 밝혀라. 그러면 책임을 묻지 않겠다. 단 같은 실수를 반복하면 안 된다. 작업장에서 일어난 사고를 빨리 보고받아야 피해를 최소화할 수 있다"고 계속 강조했겠습니까? 그제서야 사고나 실수 등의 잘못이 있더라도 바로바로 보고하더군요.

편향된 시각의 종편채널들, 엉뚱한 오보와 억측들

사고나 실수를 은폐하려는 건, 혹시 기술의 숙련도가 낮아서 그런 건 아닐까요? 북측 근로자들에 대한 기술교육은 어떤 방식으로 진행하나요?

단순가공이 많은 섬유봉제는 노동력에 더해 숙련도가 필요한데, 보통 1년에서 1년 6개월 정도면 숙련이 된다고 봅니다. 오히려 체력적인 문제나 신규 충원 지체로 생산성이 떨어지지 숙련도는 좋아지는 것이 사실입니다.

기술교육은 초창기엔 남측 기술자들을 통해 했어요. 주로 회사 자체 교육이었는데 남측 기술자가 북측 직원을 맨투맨으로 교육하고, 이후 교육받은 북측 근로자가 다른 북측 근로자들을 가르치는 방식이 좋습니다. 남측 기술자는 큰 틀에서 이론적인 교육을 하고 실무적인 교육은 그들끼리 조별로 분산해서 하는 거지요. 다른 업체들도 비슷해요.

남북 간 긴장이 높았던 시기에도 개성공단에 근무하셨죠? 연평도 포격사건이나 김정일 위원장의 사망 시기에 공단 상황은 어땠나요?

언론에 보도될 정도의 신변에 대한 불안감은 없었어요. 하지만 연평도 포격사건 때는 '전쟁으로 비화하는 건 아닐까' 하고 조금 긴장했습니다. 전쟁이란 게 국지전에서 확전되는 거잖아요. 그래도 개성공단은 이상하리만큼 평온했습니다. 당시 국방장관이 혹시 확전의 기미가 보이면 개성공단이 볼모가 되고 우리가 인질이 될 수 있다고 했는데, 그런 말이 우리를 더 안타깝게 했죠. 북측에게는 모욕이었을 거예요.

김정일 위원장 사망 때는 상당히 긴장했어요. 우리가 북측 사람들보다 더 빨리 뉴스를 통해 알았습니다. 그렇다고 북측 사람들에게 먼저 말할 수는 없었고요. 그렇게 긴장감에 빽빽해본 느낌은 별로 없었어요. 그런데 점심시간에, 우리보다 한두 시간 늦게, 김정일 위원장의 사망 소식이 알려졌을 때 상당히 충격을 받았습니다. 그들의 문화를 어느 정도 이해하고 있다고 자부하던 저도 '이 사람들은 정말 우리와 많이 다르구나' 하는 생각이 들었습니다.

보통 남측에서는 신격화라고 격하해서 말하는데, 정말 충격이었습니다. 지금까지 알던 북측 근로자들의 모습이 아니었어요. 부모님 돌아가신 이상의 오열과 통곡이 개성공단을 휩쓸고 지나갔습니다. 모든 북측 근로자들이 집단적으로 통곡을 하는데, 참으로 엄청났습니다. 그것을 온전히 이해한다면 북측을 제대로 이해하는 것일 겁니다.

그렇다고 우리에게 해를 가하려는 느낌은 없었습니다. 재미있는 건 북측 사람들이 김정일 위원장의 죽음에 대해 남측 주재원이나 남한 사람들도 당연히 슬퍼할 거라고 믿고 있더라는 거죠. '세계의 위대한 지도자가 죽었으니 우리도 슬퍼할 거라고 생각했던 것 같습니다. 남측 주재원들이 슬퍼하지 않는 모습을 보고 아주 의아해하더라고요.

애도 기간 동안 남측 주재원들은 음주가무는 물론 운동도 할 수 없었습니다. 일부 남측 주재원들이 숙소에서 술을 먹다가 북측에 발각되어 '이런 날 어떻게 술을 마시느냐'며 항의를 받은 사례도 있었습니다.

남북관계가 긴장되면 남측의 반응을 궁금해 한다고 들었습니다. 그런 적이 있었나요?

드물지만 남측 언론의 기사나 보도를 놓고 말하는 경우가 있습니다. '상호비방을 하지 않기로 해놓고 왜 우리의 최고 존엄을 모독하느냐' 그럽니다. 그럴 땐 '남측은 언론 자유가 있다. 그런 것으로 남측을 비난하지 말라, 정치적 이야기는 하지 말라'라고 합니다. 다만 남측에서 오보를 내거나 억측을 사실화하는 경우엔 우리도 답답합니다. 공단이 잠정 폐쇄되던 즈음에 '개성공단에 남아있는 주재원들이 풀을 뜯어먹고 있다'고 했던 보도가 대표적이지요. 정말 답답했습니다.

몇몇 주재원들은 개성공단과 관련된 잘못된 보도들에 댓글을 달아서 정확한 사실을 알리려고 노력하는 것 같았습니다. 댓글 내용을 보면 '아, 이 사람은 개성공단 주재원이구나' 하고 알 수 있어요. 그러나 그런 댓글에 답을 다는 사람들은 우리를 '좌빨'이라고 매도하더라고요. 그래서 요새는 쳐다보지도 않습니다. 그걸 어쩌겠습니까? 서울시청 앞에 대자보를 쓸 수도 없고…. 해본들 소용도 없습니다. 너무 몰라요, 개성도, 북한 사람들에 대해서도.

당시 남측 일부 언론에서 이 기회에 북측에 대한 '퍼주기'를 중단해야 한다고 주장하기도 했습니다.

　개성공단을 놓고 '퍼주기'라는 말은 어울리지 않습니다. 남측의 자본과 북측의 인력이 공생한다는 말이 맞지요. 당시 저는 개성공단 재가동, 정상화를 촉구하며 국토종단을 했습니다. 생각보다 반응이 좋았어요. 개성공단의 필요성은 다들 인식하고 있더군요. 겉으로 느끼기엔 80~90%의 사람들이 우리 이야기에 동의하는 것 같았습니다.

　저는 우리 정부가 개성공단 입주기업들의 재산을 보호해주기를 절실하게 원했습니다. 그런 미묘한 시기에는 북측에 맞불을 놓을 게 아니라 '협상력'을 발휘하는 것이 필요하다고 생각했습니다. 그런 점에서 우리 정부는 답답했고, 일부 언론의 왜곡과 북측에 대한 맹공은 그들의 자존심을 건드렸습니다. 종편 방송을 보니까 편향된 시각의 토론자들이 북측을 자극하는 불쾌한 단어들을 남발하고 있더군요. 참으로 수준이 아니었습니다.

　남측의 언론 보도와는 달리 개성공단 안에서 우리는 오히려 자유로웠습니다. 우리 정부의 최종 통보에 따라 남측 주재원들이 전부 철수할 때 출경 대기 선에서 서류 심사를 하느라 8시간을 머물렀습니다. 그때의 심경이요? 한마디로 참담했지요. 몇몇 사람들은 출경을 거부하고 안 나오겠다고 버티고 숨고 해서 관리위원회에서 만류하느라 애를 먹었습니다. 자기들이라도 남아 있어야 남북이 협상하지 않을까 생각했던 거죠. 금강산처럼 영원히 중단될 수 있다고 걱정했던 겁니다.

개성공단이 재가동되었을 때 다시 들어가는 것을 주변에서 말리지는 않았 나요?

　주재원들에게 개성공단은 생존권과 직결되어 있습니다. 개성공단 폐쇄는 주재원들을 결국 실직자로 만드는 겁니다. 개성공단에 온 지 얼마 안 된 사람들은 공단 폐쇄 결정이 나자 제일 먼저 보따리를 싸서 출경했고 이직한 것으로 압니다. 반면 개성에서 몇 년씩 버틴 사람들은 개성공단이 재가동되었을 때 거의 모두 돌아왔지요. 제 경우엔 주변에서 말리더군요. 막역한 친구들이 "왜 또 들어가? 여기서 그냥 먹고 살지" 하고 걱정해주었습니다. 하지만 내 생계를 친구들이 대신 해결해주는 것도 아니고, 결국은 제 몫이란 생각에 다시 돌아왔습니다.

공단이 정상화되어 북측 근로자들을 다시 만났을 때의 느낌은 어땠나요?

　재가동이 결정된 뒤 여름철에 중간 점검차 들어갔습니다. 하절기라 기계에 녹이 슬지 않았는지 점검하고 청소도 할 겸해서 간 거죠. 마침 북측에서도 반장급 성원들이 지원을 위해 나왔는데. 나를 보자마자 울더군요. 나도 함께 울었습니다.

　폐쇄된 기간 동안 우리도 많이 힘들었지만 그들도 많이 힘들었다고 들었습니다. 개성공단에 출퇴근하던 근로자들이 집단근로에 동원되어 다닌다는 말은 해외 언론이나 국내 뉴스를 통해 들었습니다. 노력동원 흔적이 그 사람들을 보자마자 느껴지더군요. 공단에 있을 때와 비교해

보면 피부색부터 달라졌으니까요.

개성공단 조업 재개로 북측 근로자들을 넉 달 만에 봤는데, 약이 된 측면도 없지 않았어요. 그 정도로 그들은 반가워했고, 그들의 절실함이 표정에서 드러났지요. 재가동 후 정말 열심히 일하더군요. 시간이 지나면서 다시 무뎌졌지만요.(웃음)

여성 근로자들이 더 많다고 들었습니다. 북측의 남녀평등은 어떤가요?

우리 기준에서 북측 사회는 남존여비가 많이 남아 있는 것 같습니다. 무거운 원재료 같은 것들이 있어도 남자들은 가만히 있고 여자들이 나릅니다. 기업별로 차이가 있는데 남자 근로자들은 회사에서도 받기를 꺼려합니다. 조별로 주어진 공동 작업에서도 남자들이 여자들을 시키는 게 보편화되어 있습니다.

여성 근로자들 말이 나왔으니 말인데, 참 안타까워요. 여자들은 보통 새벽 3~4시에 일어나 출근준비를 하는 것 같습니다. 출퇴근은 관리위원회에서 제공하는 통근버스를 이용합니다. 전기밥솥 같은 것이 없어서 새벽에 밥을 해서 식구들 먹이고 도시락도 싸고 추운 새벽에 버스 타고 나옵니다. 연탄가스 사고도 많습니다. 날씨 안 좋은 날에 출근을 안 하면 거의 그런 경우예요. 차라리 바쁠 때 야간작업을 하고 철야를 하는 게 개인 건강에는 더 좋을 겁니다. 우리 같으면 새벽 3~4시에 일어나 회사 출근해서 일하고 또 밤늦게 퇴근하는 일상을 반복할 수 있을까요? 어떤 측면에서 그들은 정말 헌신적입니다.

통일이 된다면 꼭 하고 싶은 것

분단 70년입니다. 서로 다른 체제에 살다보니 북측 근로자들은 우리와 많은 점이 다를 텐데요?

순전히 제 생각인데요, 북측 사람들은 경제적으로 잘사는 남한 사람들에게 질투심이나 시기심 같은 게 있는 것 같아요. 그렇다고 뚜렷하게 부러움을 갖고 있는 것 같지는 않고요. 우리에 대해 미묘한 감정들이 있는 것 같아요. 당국 관계가 정상화되면 우리들의 관계도 많이 나아지리라 생각합니다.

북측 직원들끼리 교육을 받을 때나 식사할 때도 남측 주재원들은 들어갈 수 없습니다. 예의가 아니라고 생각해서 엿보지도 않아요.

호칭은, 친하거나 어린 사람에게는 보통 '동무'라고 하고 연배가 좀 있거나 직급이 높으면 '선생'이라고 합니다. '동무'라는 호칭은 처음에는 하대하는 것 같고 예의가 아닌 것 같아서 쓰지 못했어요. 최근에 어떤 종편 방송에서 탈북자가, 남한 사회에 오니 자기를 '아무개 씨' 하고 불러줘서 좋았다고 말하던데, 그 말은 거짓인 것 같습니다. 그들은 '아무개 씨' 하고 부르면 오히려 무시한다고 생각하고 상당히 기분 나빠해요.

호칭 때문에 술집에서 당황한 적도 있습니다. 봉사하는 종업원의 명찰을 보고 "아무개야~" 했거든요. 우리는 그게 더 친근한 호칭이라고 생각하지만 북측 봉사원들은 상당히 싫어해요. 봉사를 안 하려고 하는 걸 간신히 무마했습니다. 보통 '봉사원 동무'나 '아무개 동무'라고 불러야 합니다. 여자들끼리는 가끔 '언니'라고 부르는 호칭이 통하더군요.

북측 사람들은 남한 사람들에 비해 사실 많이 순진하고 순박해요. 가끔 서로 모르거나 오해가 불러오는 갈등들도 없지 않지만 '몰라서 그러려니' 생각하고 보면 순진한 구석이 많습니다. 그러나 가끔은 당돌하고 공격적인 말투를 써서 우리를 놀라게도 합니다.

공단에 있는 북측 근로자들도 많이 변했습니다. 전기사정이 좋지 않아서 회사에 와서 충전도 하고 빨래도 하고 심지어 목욕도 하고 갑니다. 그 사람들 생활이 나아졌다기보다는 우리와의 접촉을 통해 문화가 나아진 거예요. 얼마 전엔 샴푸나 보디로션을 들고 다니는 사람도 봤습니다. 화장도 색조화장은 못하지만 세련되어졌습니다.

처음에 엘리베이터 사용법을 가르치느라고 애를 먹었습니다. 여담인데, 북측 근로자들은 퇴근할 때 물도 틀어놓고 전기도 안 끄고 가는 일이 많아 힘들었어요. 이들은 전기나 물을 돈의 관점에서 안 봅니다. 국가공급의 영역이니까요. 경제관념이 없죠. 절약한다는 개념이 없어요.

개성공단을 '작은 통일의 공간'이라고 합니다. 북측 근로자와 관계자들을 많이 만나보셨으니, 통일에 대한 시각이나 통일의 방법론에 대해서도 한 말씀 해주세요.

개성공단 북측근로자들도 많이 달라졌습니다. 특히 여성들 옷과 핸드백을 보면 정말 변화가 실감나요. 서로 이질적인 문화가 충돌하면서 서로 알아가는 과정에 있다고 봅니다.

북측에서도 아이에 대한 투자는 남과 북이 다르지 않아요. 옷이나 롤러스케이트 등 여가, 문화 생활비 지출도 많아졌다고 하더군요. 개성공단만을 통해서만은 아니겠지만 공단이 남북의 이질성을 극복하는 계기는 된다고 생각합니다.

제 생각엔 개성공단 같은 곳 대여섯 곳만 있으면 경제분야에선 통일로 가는 큰 지름길이 열리지 않을까 생각합니다. 물론 정치적, 이념적 통일은 많은 시간이 걸리겠지만 상호 이해의 폭을 넓히는 계기가 확산되리라 생각합니다.

시기적으로는 통일은 아직도 요원하다고 생각합니다. 일순간의 통일은 많은 충격을 가져다 줄 것 같습니다. 워낙 집단주의체제에 적응되어 있는 사람들이니까요. 베를린 장벽의 급작스런 붕괴로 인한 독일 통일 과정과 빗대어 말하는 사람들도 있지만 독일과 비교하면 여기는 또 다른 것 같습니다. 보통 북한 사람들은 정보가 없고 폐쇄적이라 그런 방식의 통일은 엄청난 괴리감을 불러오고 통일비용도 더 늘어날 겁니다.

개성공단의 미래와 전망을 어떻게 보시나요? 이에 더하여, 개성공단에 대한 감상이 있으시다면요?

북측에도 변화의 바람이 불고 있다는 것을 간과해선 안 됩니다. 소위 '책임영웅제'나 '가족영웅제' '균등배분 금지'와 같은 조치들이 발표되면서 개성공단의 앞날에 많은 변화가 있을 수 있습니다. 인건비 따먹기 식의 기업경영은 이제 한계에 봉착할 것입니다. 기업 스스로 내부 혁신을 통해 경쟁력을 키워야 합니다.

최초의 개성공단은 '아름다운 샘물'이었지만 점차 고갈되어가고 있습니다. 우리가 기술집약적인 산업으로 스스로 혁신, 변화하지 않으면 개성공단의 경쟁력은 떨어질 겁니다. 이제 터닝 포인트가 왔다는 생각입니다. 개성공단은 제 일터이고 생계수단이지만, 그 모든 위험 부담에도 불구하고 통일의 한 부분을 담당하고 있다는 자부심도 있어서 훗날 손자들이 생긴다면 자랑하고 싶습니다.

통일이 되면, 아니 남북의 평화라도 공고히 정착되면 우리 회사 북측 근로자들이 사는 집에 꼭 가보고 싶어요. 가서 뭐든 얻어먹고 싶습니다. 같이 술도 마시고 싶고요. 좋은 음식 대접받고 싶은 게 아니라 그들을 진짜 가슴으로 만나보고 싶어요. 친동생, 형님처럼요. 그러고는 꼭 그 말을 해주고 싶어요. "이제 나를 믿어주겠어?" "이제 나 진짜 믿어도 된다"라고요. 여전히 우리는 개성공단에서도 경계하고 있잖아요. "정말 서로 믿자!"라고 하고 싶어요.

[취재 그 후…]

　면담자는 스스로를 평범한 직장인으로 소개했다. 개성공단에서 일하는 것도 그저 돈벌이의 수단이라고 소박하게 말하지만 개성공단과 그곳에서 일하는 사람들에 대한 애정이 깊어 보였다. 개성공단 정상화를 위한 국토대장정을 이야기하면서 한숨을 쉬기도 하였고, 재가동이 되어 북측 근로자들과 만나서 울었다는 이야기를 할 때는 다시 눈자위가 촉촉해 보였다.

　날마다 개성공단이라는 '작은 통일'의 공간에서 '큰 통일'을 준비하는 사람들이 있다. 맡은 바 일을 하고, 때로는 싸우고, 차이에서 오는 좌절도 느끼지만 조금씩 닮아가며 이해의 폭을 넓히는 사람들. 그들이 놓아주는 작은 소통과 신뢰의 돌들이 언젠가는 큰 집을 짓는 기초가 되어줄 것이다.

6. 이렇게 훤히 보이는 속옷을
어떻게 입습네까?
흉측합네다! _____ 이성령 과장

30대 후반의 이성령 과장(여성)은 이너웨어와 이지웨어를 OEM으로 생산하는 업체에 근무했다. 오랫동안 개성공단에 상주하면서 생산라인을 관리했다.

이 과장은 야무진 인상에 화통한 성격의 소유자. 게다가 입담까지 빼어나서, 북한 근로자들 말투 흉내를 정말 잘 낸다. 그녀의 '개성공단 이야기'는 주말예능 못잖은 재미를 안겨주었다.

개성공단에 근무할 때, 주말에 집에 오면 무슨 일부터 하셨나요?

주말마다 오지는 못했고 한 달에 한 번 정도 왔어요. 주말에는 북측 근로자들이 특근을 많이 하기 때문에 관리자들이 교대로 당직을 서야 하거든요. 일단 집에 오면 순댓국을 먹으러 갔어요. 꼭 '특'으로 주문해서 먹었죠. 공단에서 먹는 음식이 조미료 맛이 강해 남측에 오면 개운

하고 매콤한 음식을 찾게 되더군요. 그 다음에는 목욕을 하고 나서 무조건 잤어요. 그렇게 해야 다음 일주일을 버틸 수 있는 기력이 생겨요.

주말이면 친구들도 만나고 재미있게 보내셨을 것 같은데, 뜻밖이네요.

처음 1년간은 그랬죠. 그런데 인간관계들이 서서히 뜸해지더니 2년 넘어가면서 연락이 다 끊겼어요. 개성공단에 계시는 다른 분들도 다 마찬가지예요. 그러다 보니 자연히 개성에서 같이 일하는 동료들과 친해지게 되더라고요.

개성공단에서의 하루 일과를 간단히 소개해주세요.

저는 생산을 지원하는 역할이라 아침에 현장을 도는 것으로 하루를 시작해요. 먼저 재단과 부자재 쪽을 거쳐 생산라인으로 가요. 라인에 문제가 있으면 본사와 협의해서 처리하죠. 일을 하다 보면 부자재가 부족하다거나 재봉틀이 고장나는 등 여러 문제들이 생기거든요. 그러다 보면 점심시간이에요. 북측 근로자들의 휴식시간은 오전과 오후에 각 10분씩 주어지는데 오후에도 오전과 똑같은 일과가 반복돼요. 근무는 원래 6시까지지만 야근이 많아서 보통 8시에 끝나요. 그리고 나면 너무 피곤해서 밤 11시가 되기 전에 자죠

그럼 일과가 끝난 후에 여가활동은 따로 없었나요?

처음에는 기숙사 안에서 TV만 봤죠. 밖에 나가는 게 무서웠거든요. 개성공단과 북한에 대해 아는 게 너무 없어서…. 나중에야 너무 바보

같았다는 생각이 들더라고요. 그러다 동호회에 가입해서 퇴근 후에 2시간씩 운동을 했어요.

가능한 한 피하고 싶었던 곳, 개성

처음 개성공단 근무가 결정되었을 때 어떤 기분이었나요? 신변 위험 등 두렵지는 않았나요?

그런 두려움은 없었어요. 입사한 지 오래된 편이라 개성공단이 어떤 곳인지 알고 있었거든요. 물론 호기심은 있었죠. 하지만 말과 행동에 제약이 크다는 걸 알고 있었기 때문에 가능하면 피하고 싶었어요. 회사 결정이니까 따르긴 했지만, 개성 근무라고 월급을 더 주는 것도 아니거든요. 일부 회사의 경우 임금을 더 지급하는 경우도 있기는 해요.

부모님이나 친구들은 어땠나요?

부모님은 걱정을 하시면서도 "회사에서 가라면 가야지"라고 하셨고, 친척, 친구들은 하루 빨리 나오라는 식이었어요.

북측 근로자들은 어떻게 출퇴근하나요?

북측 근로자들 통근버스가 있어요. 출근버스를 타려고 어떤 경우에는 새벽 3~4시에 일어나서 밥해 먹고 나온다고 해요. 버스 타고 회사에 오면 6시가 되는데, 회사 건물은 온수가 나오니까 씻기도 하고 빨래도 하고 그래요.

아침 6시 40분쯤 식당에 모두 모여, 북측 간부근로자가 신문이나 책을 읽어주거나 같이 노래를 불러요. 간부 근로자들이 야단치는 소리가 들릴 때도 있어요. 매일 이런 '생활총화' 시간을 갖는데, 다 끝나면 사람들이 동시에 의자에서 일어나요. 그때 그 의자 소리가 얼마나 큰지 그 소리가 들리면 총화가 끝났다는 신호니까 우리도 현장으로 내려가죠. 그게 하루 일과의 시작이에요.

- 현재 개성공단의 북측 근로자는 총 5만 3,000명이다. 이 가운데 3,000명은 자전거로 통근하고 5만 명은 개성공단관리위원회에서 운영하는 약 200여 대의 통근버스를 이용한다. 한꺼번에 전체를 출퇴근시키지 못하기 때문에 근로자들의 주거지와 이동거리를 고려하여 회사별로 1차부터 4차까지 출퇴근버스가 운영된다.

처음에 북측 근로자들을 보셨을 때 어땠나요? 이질감 같은 게 많이 느껴지지 않았나요?

저는 북한 사람들은 정말 머리에 뿔이 나 있는 줄 알았어요. 어려서부터 그렇게 배웠으니까요. 그런데 막상 보니까 머리에 뿔은 없는데, 저도 모르게 계속 경계하게 되더라고요. 저만 그런 게 아니라, 그들도 우리를 경계하는 것 같았어요.

분위기가 어색했겠네요. 그래도 서로 불러야 할 일이 있었을 텐데, 호칭은 어떻게 했나요?

'동무'나 '동지'라고 부르라는데, 저는 그 말이 거의 안 나오더라고요. 한동안 이름 때문에 실랑이를 많이 벌였어요. 지금은 그냥 이름을 부르거나 '언니' 또는 '~씨'로 불러요. 남자에게는 '선생'이라고 하고요. 근로자들이 가끔 변덕을 부리곤 했죠. "저, 언니 아닙네다. 동무라고 불러주십쇼"라면서 갑자기 '언니' 호칭을 거부하곤 했어요. 그런데 차츰 변화가 오더니 이제는 자기들끼리도 가끔씩 '언니'라고 부르기도 해요.

본의 아니게 그들의 언어생활에 영향을 끼친 셈이네요. 언어습관의 차이에서 오는 해프닝이 많았을 것 같은데요?

아주 많았죠. '말' 때문에 생기는 소통의 문제는 아직까지도 해결 안 되는 부분이 있어요. 외래어를 쓰면 전혀 못 알아들을 정도니까요. 처음에는 이런 일도 있었어요. 제가 뭐라고 말을 하기만 하면 "일 없습네다" 그러는 거예요. 우리말로 하면 '괜찮다'는 뜻인데 저는 그렇게 받아들이지 않았죠. 그래서 "아니야. 지금 일 있는 거야! 일 있다니까!"라고 계속 반복했어요. 그 말의 의미를 6~7개월이 지나서야 알게 됐죠. 나중에는 그 말 가지고 농담하며 같이 웃기도 했어요.

서로 경계해서 웃지도 않았는데, 나중에는 농담까지 주고받았다는 거죠?

처음에는 그들을 어떻게 상대해야 할지 몰라 막막하고 무서웠어요. 그러다 시간이 지나면서 제가 먼저 마음의 문을 열었어요. "사랑합니다"라는 말을 하기 시작했죠. 그러자 "그 말은 남녀 사이에서 쓰는 말 아닙네까?"라면서 의아해 하더군요. 그래서 제가 "아니에요. 사랑한다

161

는 말은 남녀 사이를 떠나 누구에게나 할 수 있는 좋은 말이니까, 제게도 해주세요"라고 했어요. 그 후 어느 날 제가 상사에게 야단을 맞고 울적한 마음으로 앉아 있는데, 누가 조용히 제 곁에 와서는 "사랑합네다"라고 말해주더군요. 그때는 정말 가슴이 뭉클했어요.

상상만으로도 흐뭇합니다. 북측 근로자들이 조금씩 마음을 열게 된 것일까요?

그들도 남한 사람들은 머리에 뿔이 난 줄 알고 있었다고 해요. 또, 주한미군이 남한 사람들을 감시한다고 알고 있었대요. 서로 잘못 알고 있는 부분들이 많았던 거죠. 저는 새로 오는 주재원들한테 이런 말을 해요. "북측 근로자들은 우리가 갖는 경계심보다 더 큰 경계심과 피해의식을 갖고 우리를 만난다. 그런데 자꾸 접하다 보면 그런 경계심은 누그러진다"라고요.

그렇게 서로 마음의 벽이 허물어지면서 점차 교감이 이루어졌나요?

부모님이 돌아가시면 같이 눈물을 흘려주는 식으로 제 마음을 조금씩 보여주니까 그들도 제 마음을 받아주더라고요. 언젠가 제가 상사에게 야단맞고 나서 풀이 죽어 있는데 "오늘도 법인장님한테 혼났습네까? 우리도 앞으로 좀 더 잘하겠습네다"라고 하더군요. 그런 말을 하기가 쉽지 않잖아요? 가슴이 찡했죠. 스킨십도 과감하게 했어요. 기분 좋은 일이 있으면 막 끌어안았는데 처음에는 어색해 하면서 피하더라고요. 그래서 "피하긴 왜 피해? 내가 벌레야?"라면서 투덜댔어요. 그랬더니 나중에는 제 스킨십을 피하지 않더군요. 그들도 변해가는 거죠.

사실 우리도 스킨십이 발달한 문화가 아닌데, 북측은 더 그럴 것 같아요. 어떤가요?

맞아요. 그들이 스킨십 하는 것을 본 적이 없어요. 북측 근로자들은 보통 둘이 함께 다니는데 여자들은 주로 손을 잡고 다녀요. 포옹은 전혀 하지 않죠. 그래서 제가 처음에 끌어안으려고 했을 때 많이 놀랐을 거예요. 문화적 충격이었겠죠.

'빽' 있는 사람이 힘 있는 건 똑같아

여성 근로자가 대다수인데 혹시 남한 여성들의 옷이나 화장에 관심을 갖지는 않나요?

처음에는 화장을 거의 안 하더니 서서히 달라지더라고요. 언제부턴가 속눈썹에 마스카라도 하고 아이라인도 그리고 립스틱도 빨갛게 바르고 다니는 거예요. 머리 모양도 제 헤어스타일과 비슷하게 하고 다니고, 귀를 뚫어 귀걸이도 하고 다니더군요. 우리를 보고 따라 하는 거죠.

남한의 화장품이 그들에게는 아주 귀한 물건이었겠어요.

주말에 집단근로를 많이 하기 때문에 얼굴이 햇볕에 많이 타요. 까맣게 탄 얼굴이 애처로워서 선크림을 갖다 주기도 했죠. 요즘엔 향수도 많이 써요. 제가 갖고 있던 휴대용 향수 용기를 보고, "이게 뭡네까?" 그러기에 "내가 뿌리는 겁니다" 그랬더니, "다음에 이 향수를 사다 주시라요" 그러더라고요.

그래서 향수 선물을 하셨나요? 선물을 주면 어떤 반응을 보이나요?

좋아하면서 잘 쓰죠. 원래는 북측 근로자들에게 직접 뭔가를 주는 것은 금지되어 있어요. 하지만 저는 업무상 그들과 직접 접촉할 수 있는 여건이라서 살짝 전달할 수 있었죠. 한번은 어떤 여성 근로자가 애기를 낳았어요. 일을 야무지게 잘해서 아끼는 사람이었는데, 애기 옷을 사서 둘둘 말아 "이거 견본이니까 갖고 가요!"라면서 건넸더니 "잘 입히겠습네다"라고 하면서 바로 알아듣더군요.

선물을 주고받는 데도 기술이 필요하군요.

선물이 아니더라도 뭔가를 주고받으려면 그래야 해요. 부탁을 받고 화장품을 두어 번 사다 준 적이 있어요. 그때 답례로 인삼을 선물 받았는데, 화장실에 물건을 놓고 가는 식으로 서로 전달했죠. '몇 번째 화장실에 가서 찾아가라'는 식으로.(웃음)

북한 여성들도 미에 대한 욕구가 강하군요. '남남북녀'라는 말이 있어서인지 남한 남성들 중에는 북한 여성들의 미모를 궁금해 하는 이들이 많습니다.

하얀 얼굴이 미인의 조건인지, 화장을 매우 하얗게 하는 편이에요. 쌍꺼풀 수술도 많이 해요. 쌍꺼풀 수술은 국가에서 무료로 해준다고 해요. 그런 것과 무관하게 정말 남한 여자들과 다른 면이 있어요. 거기서는 '예쁘다'는 말 대신에 '곱다'는 표현을 쓰는데, 얼굴도 예쁘지만 생각하는 거나 말하는 것이 제 눈에는 정말 예뻐 보이더라고요. 정말 순박하고 순수해요. 얼마나 순박한지 거짓말을 하면 눈에 그대로 나타

날 정도예요.

오래 함께 지내면서 실망스러웠던 적도 있지 않았나요?

　일을 하다 문제가 생기면 우리 근로자들은 미숙련공이라 하더라도 책임감 있게 대응하는데, 책임감 있게 일하는 사람도 있지만 극소수이고, 대부분은 시키는 일만 해요. 게다가 지시한 것과 다르게 일을 하고 있을 때 그걸 지적하면 잘못을 인정하지 않고 오히려 화를 내요. 그래서 그런지 생산성은 별로 변화가 없어요.

그 분야에서 전문성을 쌓으려는 동기가 부족해서 그런 게 아닐까요?

　사회주의의 특징인지 모르겠지만 '나의 일'이라는 책임감이 적은 것 같아요. 실망스러운 구석은 또 있어요. 정말 믿었던 사람으로부터 배신감을 느낀 적이 있어요. 제가 무슨 말을 해도 잘 들어주고 믿어주던 사람이었어요. 그런데 어느 날 제가 하지도 않은 말을 했다는 식으로 북측 간부 근로자에게 저를 모함한 거예요. 알고 보니 그런 일이 한두 번이 아니었어요. 왜 그랬냐고 따졌더니, 자기 입장이 위태로워서 그랬다더군요. 슬펐어요. 그 사회는 문제가 생기면 개인들에게 상당한 부담이 따르나 봐요.

믿었던 사람한테 배신 당하는 일은 우리 사회에서도 드문 일이 아닌 것 같아요. 그 이외에도 혹시 우리 사회와 비슷한 모습은 못 보셨나요?

　거기서도 '빽'이 있는 사람은 힘이 있어요. 근로자들 중에서는 직장장이 가장 높은데, 집안 배경이 좋은 근로자는 직장장의 말을 안 들어요. 직장장도 '저 사람은 나도 컨트롤 못한다'고 스스로 인정해요. 끼리끼리 세력이 나뉘는 것도 비슷한 것 같아요.

그리고 남자든 여자든 다 배구를 좋아해서 틈만 나면 해요. 영하 10도에도 맨발로 할 정도니, 배구에 대한 열정이 대단한 거죠. 국가 기념일이라도 있으면 며칠 동안 토너먼트 식으로 시합하는데, 심판을 잘 봤니 못 봤니 하면서 싸우기도 하죠.

구기 종목을 다 좋아하나요? 남측의 류현진 선수나 추신수 선수도 알고 있나요?

야구 선수는 몰라요. 근로자들뿐만 아니라 관료들도 마찬가지예요. 축구, 농구, 배구만 좋아하지, 야구에는 관심이 없어요.

그럼, 축구에서 남북대결이 펼쳐질 때는 분위기가 어떤가요?

서로 어정쩡하죠. 들은 이야기인데 북한이 이긴 경기만 보여준다는 말도 있어요.

- 스포츠 중계의 경우 예전에는 녹화 중계가 원칙이었으나 최근에는 거의 생방송 수준에서 방송한다. 최근 북측 사회의 스포츠, 레저 열풍이 매우 광범위하게 확산되고 있다. 각종 국제대회 참가나 대회유치 등에도 적극적이다. 지난 아시안게임에서 북측은 종합성적 7위를 차지했을 정도로 스포츠 분야에서 상당한 성장세를 보이고 있다.

어디서 감히 여자가?

우리 눈에 북측 근로자들이 순수하게 보인다면 그들 눈에는 남측 사람들이 어떻게 보일까요?

　한마디로 매우 계산적이고 이기적이라고 봐요. 철저하게 '기브 앤 테이크(주고받기)'라는 거죠. 또 대단히 자기중심적이고 남에 대한 배려가 없다는 말도 해요. 특히 매사에 돈, 돈 한다면서 아주 '쩨쩨하다'고 하죠. 그래도 조금씩 '돈'에 눈을 떠가는 느낌은 있어요. 처음에는 성과급을 안 받았는데, 이젠 성과급을 개인별로 차등 지급해달라고 요구하기도 할 정도예요.

　남한 여자들의 차림새나 행동에 대해서는 안 좋게 보는 편이에요. 화장을 너무 진하게 하고, 여자답지 않게 남자에게 말을 막 한다고 봐요.

'남존여비'의 관념이 아직 강하군요.

　여자를 무조건 아랫것으로 보는 식이에요. 일단 여자는 남자의 말에 토를 달면 안 돼요. 만약 여자가 그러면 남자는 욕을 하거나 때리기도 하죠.

그런 분위기라면 여성 관리자의 지시에 남성 근로자들이 순순히 따랐을 것 같지 않네요.

　처음에는 "어디서 감히 여자가!"라는 말도 들었어요. '네까짓 게 뭔데 나한테 지시를 내리느냐'는 식이죠. 그럴수록 계속 따라다니면서 지시를 반복했어요. 주먹만 안 들었지 살벌하게 싸웠죠. 직장장과 법인장이 말릴 때까지 말싸움을 했어요. 저한테 질렸는지, 나중에는 제 말에 동의해주더라고요. 일부러 남자 중에서 제일 강한 사람을 겨냥했어요. 그 사람이 제 말을 들으니까 다른 사람들도 다 해결되더라고요.

한편으로는 또 새로운 여성상에 호기심을 느끼기도 했을 것 같습니다.

중간관리자 중에 여자가 별로 없다 보니까 저에 대해 호기심을 많이 가졌어요. 미혼이고 어리다는 것이 알려지면 더 무시할까 봐 처음에는 기혼자 행세를 했는데, 결국 미혼이라는 것이 알려졌죠.

그만큼 그들도 남측 주재원들에게 관심이 많았다는 거네요? 혹시 개성공단 근무가 불편해서 회사를 그만둘 생각은 없었나요?

왜 없었겠어요? 5년 동안 사표를 다섯 번 냈어요. 처음 1년은 적응하고 근로자들 가르치느라 정신없이 보냈어요. 2년째 되니까 근로자들의 기술이 많이 발전하더니 3년째 되던 해에 고비가 왔죠. 이제는 우리가 없어도 자기들끼리 할 수 있겠다는 식인 거예요. 그러니 말 한 마디를 할 때도 그들 눈치를 보게 되었고, 자칫 말실수를 해서 회사에 피해라도 입히면 어떡하나 싶어 매순간 정말 피곤했어요. 아침에 눈 뜨면 오늘은 또 어떤 일이 터지려나, 어떻게 해결해야 되나, 그런 고민들로 머리가 아팠어요.

사실 그들이 초기에는 우리를 참 많이 무서워했거든요. 윽박지르면 어쩔 줄 몰라 해서 야단치는 게 재미있을 때도 있었죠. 그런데 이제는 가만 있지 않고 대들어요. 행동으로 나타내기도 하고요.

그런 비슷한 일이 있었어요. 2년째 되던 해였는데, 생산라인이 전부 멈췄죠. 현장에서 무슨 잘못을 저지른 것을 보고 언성을 높였더니, 지지 않고 대드는 거예요. 제가 홧김에 "라인 세워!" 그랬더니 정말 라인을 세우는 거예요. 무슨 일이냐고 묻는 직장장에게 자초지종을 설명하다가 서로 또 언성이 높아졌어요. 결국 법인장이 나서서 직장장과 해결한 후에야 재봉틀이 다시 돌아갔어요. 사실 이런 일은 개성에서는 누구나 한 번쯤 겪는 일이에요.

제가 그들의 자존심을 건드리는 말을 했거든요. 그들은 기회만 되면 철야근무와 연장근무를 하고 싶어 해요. 수당도 나오고 초코파이도 나오니까요. 그런데 제가 무슨 말 끝에 "철야하지 마! 초코파이 나오니까 하려는 거야?"라고 했는데, 그 말에 자존심이 상한 거예요. 그때부터 철야를 안 하고 연장근무만 하고 가버리더군요. 그러면서 제 말에 무조건 토를 달고 제 말을 안 듣기 시작했어요. 그 상태가 오래 갔어요. 법인장도 자기가 풀 수 없는 문제라면서 도와주지 않았죠. 저는 저대로 자존심이 너무 상하고 도저히 안 되겠다 싶어 사표를 냈고, 본사까지 결재가 올라간 거예요.

북한에서 초코파이의 인기가 정말 그렇게 대단한가요?

지금은 지급하지 않습니다만 상당히 인기 있었죠. 거의 돈으로 취급돼요. 장마당에 팔 수 있는 귀한 물건이죠. 처음에는 초코파이를 현장에서 먹는 모습을 볼 수 없었어요. 애들한테 주거나 장마당에 팔기 위해 갖고 가는 거죠. 한참 지나서야 현장에서 먹더군요. 처음에는 우리가 배고프다고 해도 안 주더니 3년째 되니까 하나씩 주더라고요. 언젠가는 한 사람이 혼자서 초코파이를 한 아름 가져가기에 물어봤더니, 계를 하듯이 순서대로 한 사람에게 몰아준다는 거예요. 돈과 같은 거라고 보는 거죠.

한 사람에게 초코파이가 몇 개나 지급되나요?

한 사람이 한 달에 평균 100개 정도 받아갔어요. 개성공단 납품용 초코파이는 따로 만든다고 들었어요. 저는 원래 안 좋아했는데 그들이 하도 좋아하고 잘 먹어서 몇 번 같이 먹어 봤어요.

뜨거운 물에 녹여 먹는 모습을 본 적이 있어서 시험삼아 해봤는데, 생각보다 맛이 괜찮더라고요. 든든하기도 하고. 이 맛에 먹는구나 싶었죠.

 - 2015년부터는 초코파이가 지급되지 않는다. 총국에서는 초코파이뿐 아니라 노동보호물자로 공급되는 라면, 커피 등의 각종 먹거리들을 정책적으로 지급하지 못하게 하고 있다.

초코파이 외에 그들이 좋아하는 식품은 어떤 것들이 있나요?

커피믹스가 반응이 뜨겁죠. 이제 커피 맛을 알았다고 할까? 커피가 중독성이 있잖아요. 처음에는 큰 주전자에 타서 나눠주다가 나중에는 커피믹스를 줬어요. 웃지 못할 해프닝들이 좀 있었죠. 입에 봉지째 털어 넣고 물을 마시는 사람도 있었고, 어떤 사람은 아이가 봉지를 뜯어서 가루를 먹고는 밤새 잠을 못 자고 울었다고 하더라고요.

얼핏 들었는데, 커피를 비상약 대용으로도 활용하나 봐요. 북한에서는 연료로 석탄을 많이 쓰는데, 가스중독 비슷한 걸 당해서 어지럽고 토할 것 같을 때 커피를 마시면 괜찮다는 거예요. 카페인의 각성 효과 때문인 것 같아요.

소시지도 아주 좋아해요. 초코파이를 줄이고 소시지를 더 달라고 요구하기도 하죠. 회사마다 주는 간식이 다르니까, 친구들끼리 자기 회사에서 받아온 간식을 서로 교환해서 맛을 보고는 '우리도 이걸 달라'고 요구하기도 해요. 한때 율무차, 생강차 등이 장마당에서 인기가 있었던 적도 있대요.

남자든 여자든 함께 즐긴다는 음담패설

속옷 제품들을 보니 장식이 달린 화려한 디자인이 주종을 이루는데, 북측 근로자들이 처음에 어떤 반응을 보였을지 궁금하네요.

거기서는 브래지어를 '가슴띠', 팬티를 '빤쓰'라고 해요. 처음에는 "뭐가 이렇게 종류별로 많습니까?" "이걸 다 입고 버립네까?" "왜 풀기도 어러운 걸 입습네까?" 등등 질문이 많았죠.

　망사 소재의 속옷을 보고는 "다 보입네다. 흉측합네다." "대체 누구한
테 보여주려고 이렇게 입습네까?"라고 하더군요.

미혼의 여성 관리자로서 좀 당황스러웠겠어요.

　저는 그때마다 당황하지 않고 맞받아쳤어요. 남자들이 음담패설을
할 때도 있는 걸요. 처음에는 당황해서 얼굴이 빨개졌는데, 그러면 계
속 더 그런다고 해서, 나중에는 맞받아쳤죠. 그랬더니 "어쭈!" 그러더군
요. 같이 웃고 말았죠.

여기였다면 직장 내 성희롱으로 문제가 될 케이스인데요?

　북한은 음담패설이 일상화되어 있어요. 남자나 여자나 성에 관한 농
담을 자주 하는 것 같아요. 처음에 저도 깜짝 놀랐어요. 젊은 아가씨
들도 거리낌 없이 하는 거예요. 한번은 근무 중에 졸고 있는 여자 근로
자한테 밤에 대체 뭘 했기에 조냐고 별 생각 없이 물었는데, "밤에 전
투적으로 했습네다"라고 진지하게 답해서 당황했죠. 농담이 아니고 진
담이었어요.

그렇다고 해서 성적으로 개방되어 있는 사회도 아니잖아요?

　성윤리는 아마 우리 사회의 1970~80년대 정도 되는 것 같아요. 취미
나 여가생활이 따로 없다 보니까 음담패설이 발달한 게 아니겠느냐고
우리끼리 조심스럽게 추측하곤 했죠. 음담패설만 잘하는 게 아니라 농

담이나 말장난 자체를 좋아하고 또 잘해요.

그래요? 북한 주민들이 농담을 즐긴다는 것은 상상도 못한 일인데요?

'말빨'이 세다고 할까? 대부분 달변이고, 말을 받아치는 데 아주 능숙해요. 그래서 말싸움을 하면 남측 사람들이 못 이긴다니까요. 이유는 모르지만 대부분의 북측 근로자들이 말을 잘 하고 재미있게 받아치는 능력들이 있어요.

남녀가 같이 일을 하니까 일종의 '사내 연애'가 이루어지기도 할 것 같군요.

그들은 '연애를 친다'고 표현하는데, 출퇴근하면서 눈이 맞는 경우가 많다고 해요. 남자가 여자를 자전거에 태우고 가는 모습을 가끔 보기도 했죠. 한번은 제가 어떤 근로자에게 "너 시집갈 때 되지 않았니?" 물어봤더니 "애인 있습네다"라고 대답하더라고요.

그런데 북측 여자들에게는 남측 남자들이 멋있어 보인다고 해요. 언젠가 우리 연예잡지를 보여준 적이 있는데 "정말 이렇게 잘생겼습네까?"라면서 깜짝 놀라는 거예요. 통일이 되면 남측 남자와 결혼하고 싶다고 말하는 사람도 있었죠.

그들이 결혼을 하거나 상을 당하는 등 경조사가 있을 때는 어떻게 하나요?

결혼하는 경우는 보통 '개인사정'이라고 휴가를 내는데, 조원들을 통해서 알게 돼요. 휴가 마친 후 출근하면 "결혼했다며? 축하해. 잘살아"라고 인사를 건네죠. 출산 때도 5개월 휴가를 주는데 그럴 때도 비슷해요. 부모상을 당한 경우에는 조용히 안아주면서 고생했다고, 잘 보내드리고 왔냐고 인사한 적이 있어요. 그러다 보면 같이 눈시울이 붉어지고 그러죠.

그만큼 인간적으로 가까워졌다는 뜻이겠네요.

남자들과 업무지시 문제로 참 많이도 싸웠는데, 지금은 그들이 뻥튀기 먹고 있을 때 '나도 좀 달라'고 하면 호주머니에서 꺼내줘요. 이렇게 주고받는 것 자체가 변화예요. 그런데 그 호주머니 속이 얼마나 지저분한지, 처음에는 정말 먹기 싫었어요. 그렇다고 안 받을 수도 없잖아요. 여자들도 작업하던 손으로 사탕이나 떡을 주는데, 그때마다 곤혹스럽죠. 그렇다고 거절하면 상처 받을 테니까 눈 딱 감고 먹었어요.

언젠가 그들이 가져온 만두를 먹어본 적이 있어요. 그때도 참 망설였죠. 다리미판 아래서 몰래 먹었는데, 참 맛있더라고요. 두부를 압축시켜 만든 인조고기를 넣어서 빚었다는데, 쫄깃한 맛이 정말 고기인 줄 알았어요.

이제 와서 말이지만 처음 개성에 갔을 때는 냄새 때문에 정말 미칠 뻔했어요. 북한에는 비누나 세제가 없어서 빨래를 해도 그냥 물에 담갔다 꺼내는 식이에요. 게다가 골초가 많아서 찌든 담배냄새까지 더해지니까 냄새가 정말 지독해요. 온수도 안 나오고 세제도 없으니 아무리 씻고 빤다고 해도 한계가 있죠. 하지만 그들이 위생관념이 부족해서가 아니라 여건이 그렇기 때문에 생기는 문제니까 이해하고 적응했죠.

통일되면 집에 데려와서 실컷 먹여보고 싶어요

생활환경이 열악한 건 사실이네요. 식생활은 어떤가요?

점심은 우리와 따로 먹는데, 근로자 식당은 문을 닫아놔서 볼 수가 없어요. 마침 우리 숙소에서 옆 회사 식당이 내려다보이는데, 밥그릇이 전부 같은 걸로 봐서는 배급을 받는 것 같아요. 반찬은 각자 집에서 가져오는 모양인데 나물이나 장아찌 종류가 많아요. 간혹 멸치볶음을 싸오는 사람도 있는데, 집집마다 생활수준에 차이가 있는 거겠죠.

그럼 단백질은 어떻게 섭취하나요?

단백질은 식용유로 보충하더라고요. 어떤 국이든 다 넣어요. 심지어 라면을 끓일 때도 꼭 콩기름을 넣어요. 그들이 라면을 처음 먹었을 때는 몸에서 기름기를 못 받아들여서 설사를 많이 했다고 해요. 솔직히 통일에 대해 별로 생각해본 적은 없는데 이 사람들이 먹는 것에 예민하게 구는 모습을 보면, 통일이 된 뒤 집에 데려와서 실컷 먹여보고 싶다는 생각도 들어요.

실컷 먹여보고 싶은 그 마음을 조금은 알 것 같네요. 북측 근로자들과 혹시 통일에 대해 이야기해 보신 적이 있나요? 그들은 통일에 대해 어떤 생각을 가지고 있던가요?

빨리 통일이 되어야 하지 않느냐고 해요. 빨리 통일해서 미군을 물리쳐야 된다고. 이렇게 출입이 자유롭지 못한 것도 통일이 되면 해결

된다고요. 남북 간에 무슨 문제가 생기면 "당신도 가서 뭔가 해야 하지 않느냐"고 하는데, 그럴 때는 "나는 정치 모른다. 빨리 통일이 되어야겠지만 각자 자기 할 일을 하는 것이 결국 통일로 가는 길이 아니겠느냐"고 대답하죠.

남북 간에 긴장이 조성될 만한 뉴스가 나올 때는 분위기가 어떤가요?

현장에서는 전혀 동요가 없어요. 평상시처럼 움직이죠. 하지만 직장장이나 총무 등 간부 근로자들은 가끔씩 상황을 물어보곤 해요. 그러면 "우리는 모르는 일이다. 우리는 생산만 많이 나오면 된다"라고 답하곤 하죠.

위기가 있을 때 전혀 동요되지 않으셨나요?

네. 5년 동안 한 번도 그런 적이 없어요. 제 일에만 충실했죠. 이런 적은 있었어요. 그들이 우리 대통령을 흉보기에 "그럼, 우리도 너희 대통령 흉볼까?"라고 하니까 바로 조용해지더라고요. 그리고 우리가 흔히 "○○ 모르면 간첩"이라는 말을 쓰잖아요. 제가 무심코 그런 말을 썼다가 "간첩? 우리도 그런 말 씁네다"라고 해서 아주 당황했어요.

참, 그들도 '빨갱이'라는 말을 쓰는 것, 아세요? 작업 중에 갑자기 누군가 "야! 너희 빨갱이 짓하지 말라우!" 그러는 거예요. 그때 얼마나 충격 받았는지 몰라요. '빨갱이'가 누구를 가리키는 말이냐고 물어보니까 대답을 안 하고 그냥 웃더군요.

2013년 개성공단이 6개월간 가동이 중단되었을 때는 어땠나요?

그때는 사실 좀 긴장했어요. 북측 근로자들이 출근을 안 하고 있었고, 남측 주재원들도 여자들은 먼저 다 내려보냈거든요.

저는 무엇보다도 북측 근로자들과 인사도 못하고 헤어진 것이 너무 아쉬웠어요. 그게 마지막 출근이 될 줄은 아무도 몰랐으니까요. 퇴근할 때 항상 얼굴 보며 인사했는데, 그날은 사무실에서 통화하느라 인사를 못 했거든요. 그래도 공단이 다시 열릴 거라는 믿음은 있었어요.

그렇게 갑자기 생이별을 하고 다시 만났을 때 정말 반가웠겠어요.

참 친하게 지낸 근로자들이 적지 않았죠. 제가 '언니'라고 부르던 직원들도 더러 있었고요. 그 언니들한테 공단이 다시 열릴 거니까 근로자들 잘 다독거리면서 기다려달라고 전하고 싶었는데⋯. 중간에 설비 점검하느라 들어갔을 때 그 언니들 중 한 명을 만났는데 보고 싶었다고 하면서 얼싸안고 한참을 울었어요.

보니까 살이 빠지고 많이 꺼칠해졌더라고요. 마음고생 많이 해서 그러냐고 물어보니까 그렇다고 하는데, 그동안 집단근로하느라 힘들어서 그랬을 거예요. 보통 특근 없는 주말에는 집단근로에 동원되는데 월요일에 보면 얼굴 살이 축나 있곤 했거든요.

얼싸안고 울었던 그런 감정이 동포애 또는 민족애 같은 것일까요?

네. 그렇죠. 동포애를 느낀 건 확실해요. 개성공단에 가기 전에는 전혀 몰랐고, 예상도 못했던 감정이었어요. 그쪽에서도 그런 감정을 같이 느꼈던 거고요.

개성공단이 남과 북 양쪽에 커다란 변화를 가져온 거네요?

그렇죠. 특히 북측 근로자들은 남측 기업들이 진출하면서 생활환경이나 위생상태 등이 좋아졌어요. 2013년 9월에 개성공단이 다시 열렸을 때 근로자들이 "다시는 문 안 닫죠?" "다시는 이런 사태 없는 거죠?" "업체에서 주문 다시 준대요?"라며 묻곤 했어요. 그게 그들의 진심인 거죠. 개성공단이 계속되기를 바라는 거죠.

우리 사회 일각에서는 개성공단이 북측에만 이로운 사업이라며 부정적으로 보기도 하는데, 어떻게 생각하시나요?

그렇지 않아요. 오히려 이익은 우리 쪽이 더 크죠. 경비를 계산해봐도 기업 입장에서 이익이 적지 않아요. 개성공단 입주하기 전에는 국내 임가공업체에서 요구하는 대로 단가를 올려줘야 했는데, 지금은 그런 문제가 해결되었으니까요. 경제적인 면을 봐도 그렇고, 남측과 북측의 사람들이 접촉하면서 서로 이해의 폭을 넓혀가는 것도 그렇고, 개성공단은 꼭 필요한 곳이에요. 앞으로 더욱 활성화되면 좋겠어요.

[취재 그 후…]

　'통일'이라는 이슈에 무관심했다는 이 과장은 '개성공단 체류'를 통해 비로소 입장 정리가 되었다며, '어쨌든 남북의 (급격한) 통일을 원치 않는다'는 것이 결론이란다. 지금 통일을 논하기에는 남북이 처한 현실이 너무나 팍팍한 것이 사실이다. 이질화가 더욱 심화되는 상황에서 통일이라는 말 자체가 너무도 낯설게 다가오는 것이다. 결국 통일을 위한 준비는 우리 사회를 좀 정상적인 사회로 만들어놓는 것으로부터 시작되어야 하지 않을까?

　정상적인 사회가 뭐 별 건가. 그냥 '법대로' 돌아가는 사회이다. 헌법정신에 충실하게 운영되는 사회이다. 성실하게 살아가는 사람들이 억울한 일 겪지 않는 사회이다. 아니, 최소한, 아이들 수백 명을 산 채로 수장시키는 사회, 진상 규명을 요구하는 그 부모들에게 최루액 물대포를 쏘아대고 '종북의 굴레를 덮어씌우는 사회, 국민 알기를 우습게 여기는 무리들이 선거 때마다 압승하는 그런 사회만 아니어도 될 것 같다. 그래야만 어느 날 갑자기 통일이 우리에게 다가왔을 때 그 어마어마한 충격파를 감당해나갈 수 있을 테니….

　이 과장이 두려워한 통일은 남과 북이 감당하지 못하는 통일이었다. 결국 우리 사회의 정상화가 통일의 관건이다.

7. 생각을 바꾸는 것은
돈으로도 안 되는 일인데,
개성공단이
해내고 있잖습니까 _____ 이수형 팀장

- 취재 강승환

이수형 팀장과 인터뷰 약속을 하고, 구글 지도에서 개성공단을 찾아봤다. 도라산역에서 개성공단까지의 거리와, 개성공단에서 개성시까지의 거리가 비슷하다.

양쪽 거리는 건물이 드물고 산과 들이 대부분이다. 지도를 자세히 보니 남쪽과 북쪽이 좀 다르다. 여름에 찍은 위성사진인데, 남쪽은 진한 초록색인 반면 북쪽은 옅은 초록색을 띤다. 이 팀장과 이야기를 나누면서 이것이 왜 그런지 이유를 알 수 있었다. 20대에 개성공단으로 첫 출근하면서 가장 인상 깊었던 것이 바로 북측의 민둥산이었다고 했다.

푸르른 산이 보이다 갑자기 민둥산이 나타나면 북측에 왔다는 것을 실감하고 긴장했다는 이 팀장. 그를 통해 북측 근로자들이 많이 변화하고 있음을 알게 되었다.

회사 소개를 좀 부탁할까요?

남측에 있는 P산업의 자회사로, 화장품 용기를 생산해서 수백 개 업체에 납품하고 있어요. 대부분 OEM(주문자상표제작방식)입니다.

언제부터 개성공단에서 근무하셨습니까?

2005년에 들어가서 2011년 말에 나왔으니까 만 6년 정도 근무했죠. 지금은 본사에 근무하고 있어요.

2005년이면 개성공단 초창기 아닌가요?

처음에는 공단 시범단지에 15개 업체가 있었는데 그때부터 근무했죠. 공장만 드문드문 있었고 도로도 없어서 비포장도로로 다녔어요. 상하수도 시설은 물론 제대로 인프라가 되어 있지 않아 여러 환경이 좋지 않았던 시기였습니다.

개성공단에는 어떤 동기로 가셨나요?

저는 개성공단 자체를 보고 지원했습니다. 지원하기 전에 개성공단에 관한 자료들을 많이 보고, 공부도 했습니다. 개성공단의 비전이 괜찮은 것 같아서, 다른 회사에 근무하다가 퇴사하고 지원했죠. 입사하고 나서 몇 달 후 바로 개성에 갔습니다.

개성공단에 갔을 때 젊은 나이였는데, 결혼은 하셨었나요?

네. 스물여덟에 결혼했는데, 개성에 간 것이 스물아홉 살 때였어요.

스무 살 때부터 연애를 해서 결혼하기 전부터 처가에서 같이 지냈기 때문에 아내와 좀 떨어져 있어도 괜찮았습니다.

그래도 젊고 신혼이었는데 아내가 걱정이 많았겠습니다.

그래서 개성공단과 가까운 파주로 이사했어요. 1박 2일로 다녔죠. 일주일에 3일은 개성에서 자고 4일은 집에서 잤어요. 제가 나오는 화요일, 목요일, 토요일에는 북측 근로자들이 저더러 알아서 빨리빨리 퇴근하라고 했어요. 개성공단에서 나오는 마지막 출경 시간이 5시인데, 집에 오면 5시 40분이에요. 그럼 아이들과 놀아주고 집사람과 쇼핑도 합니다. 그런데 본사에 근무하는 지금은, 집에 빨리 가야 8시 반이고, 9시나 10시에 퇴근할 때도 있어요. 주말에도 출근하는 날이 있어서 가족들과 함께하는 시간이 더 줄어들었지요. 그래서 오히려 본사에 근무하는 걸 아내가 안 좋아해요.

시간이 흘러 서로를 믿게 되기까지

개성의 비전을 보고 선택하셨는데, 주위에서는 뭐라고 하던가요?

그 당시에는 개성공단에 대해 별로 걱정하지 않았습니다. 북한에 대한 경계심, 거부감만 있는 정도였죠. 그때는 언론에도 좋게 나왔어요. 어떤 사람은 "너 신기한 데 간다"고 하면서, 호기심으로 쳐다보기도 했습니다. 그런데 지금은 위험하게 보는 것 같아요. 실질적으로는 동남아 같은 곳이 치안 때문에 더 위험하지, 개성공단은 안전합니다.

처음에는 신기해하고 호기심으로 바라봤는데 지금은 위험하다고 보는군요.

제가 개성공단에 왕래하는 동안 여러 사건들이 있었어요. 참여정부 때는 핵실험도 했는데, 크게 동요하지 않았습니다. 언론도 그랬고 주변에서도 비슷했어요. 언론에서 크게 떠들지 않으니 부모님도 별로 걱정하지 않았죠. 그런데 정부가 바뀌고 나서 천안함, 연평도 사건이 일어나자 걱정을 하셨어요.

제가 처음 개성공단에 갔을 때와 지금은 분위기가 많이 다릅니다. 초기에는 채용공고를 내면 지원자가 많았는데 지금은 전혀 없습니다. 남북대립이 심화되면서 그만큼 위험하다고 느끼는 거죠.

북측 근로자들의 첫인상은 어땠습니까?

개성공단으로 갈 때, 산에 나무가 안 보이면 북측인 것을 알아요. 거기는 민둥산이거든요. 처음에는 남북측 근로자 모두 서로 경계했어요. 첫인상이 좋지는 않았죠. 키가 작다, 말랐다, 까맣다, 말이 없다 정도의 느낌이었습니다. 북측 사람들의 첫인상을 좋게 봤던 사람은 아마 없을 겁니다.

개성에 들어갈 때 여러 절차가 있습니다만 초기에는 한 단계가 더 있었어요. 지금은 통검과 세관이 있는데 그때는 군인도 있었습니다. 얼굴도 시커멓고 매우 엄격하게 통행검사를 했죠. 그들이 차를 검사하면 차문이 거의 부서질 정도로 다룹니다. 그때부터 사람들이 놀라기 시작하죠.

2005년과 지금을 비교하면 개성공단에서의 일과생활도 달라졌겠어요.

상당히 달라졌습니다. 복지시설이 많이 늘었고, 불편함을 거의 느끼지 못할 정도로 변했습니다. 우리 회사는 초기에 근로자 400명 정도로 시작했는데 현재는 800명 정도입니다. 그간 작업량도 많이 늘었습니다. 회사 공정이 복잡해서 그런지 초기에는 불량이 많이 나왔는데 지금은 많이 개선되었죠.

많이 개선되었다면, 남측에 있는 업체와 비교할 때 어떻습니까?

워낙 정밀한 작업이라 초기에는 불량률이 70%까지 되었어요. 화장품용기 작업이 매우 까다롭거든요. 그렇게 1년 정노 고생하고 나서는 점차 좋아졌어요. 3년 정도 지나자 생산력이 80~85%까지 올라왔고, 4~5년 정도 지나자 90~95%까지 올라왔습니다. 남측과 거의 비슷하게 되었죠.

그런데 그쪽은 사회주의다 보니 열심히 일해도 인센티브가 없어요. 일을 대충 해도 우리에게 인사권이 없기 때문에 제재를 못해요. 그러다 보면 일 못하는 사람이 잘하는 사람에게 맞추는 것이 아니라, 잘하는 사람이 못하는 사람에게 맞추는 식이 됩니다.

이런 상태가 지속되다 보니 생산성이 떨어지는 경우가 생깁니다. 우리가 원하는 생산력까지 도달하려면 인원으로 보충하죠. 한 라인에 남측에서는 12명이 필요하다면 개성에서는 15명을 넣는 식으로 해요. 그렇게 해서 생산성을 100퍼센트 맞추고 있습니다.

'시장'의 인정, 그리고 취향의 발견

북측 근로자들이 공장에 처음 왔을 때 어땠는지 궁금합니다.

북한에서도 아는 사람이 있으면 부탁을 해서 자기가 원하는 데로 갈수 있나 봐요. 개성에는 시계 만드는 회사도 있고 신발이나 옷을 만드는 회사도 있죠. 우리는 화장품 '용기'를 만드는 곳인데 다들 '화장품' 회사로 알고 왔던 것 같아요. 화장품 공장인 줄 알고 왔다가 다들 실망한모양인지 "이게 뭐야, 그냥 공장이잖아"라고 하더군요.

그동안 북측 근로자들과 일하면서 많은 변화가 있었겠지요?

처음에는 개성이 온통 까맣게 보였습니다. 얼굴도 그렇고, 옷도 그렇고, 색깔이라는 것이 거의 보이지 않았습니다. 여자나 남자나 마찬가지였어요. 그런데 지금은 얼굴이 뽀얗게 되었어요. 이른 아침에 출근해서 밤에 퇴근하니 햇빛을 볼 시간이 적고, 건물 내에서 일을 하니까요. 옷차림도 많이 달라졌습니다. 남성들은 옷이 몇 종류 안 되지만 여성들은 전 직원이 모두 다른 옷을 입고 있을 정도로 화려하게 하고 다닙니다. 최근에 북한이 '시장'을 공식적으로 인정했는데, 그 시점이 개성공단 시작과 맞아떨어진 것 같아요

북측 사람들은 에너지 사정으로 집에서 따뜻한 물로 샤워를 마음껏할 수가 없어요. 하지만 개성의 기업들은 다 샤워실이 있습니다. 우리회사는 화장실에 비데까지 설치되어 있고, 직원들에게 보디로션, 샴푸, 비누 등을 제공하고 있어요. 그래서 그런지 예전에는 공장에서 북측 사

185

람들만의 특이한 냄새가 났는데 지금은 전혀 그렇지 않아요.

북측 여성들의 변화가 크군요. 남남북녀라는데 북측 여성들은 정말 이쁩니까?

이쁜 여성에 대해서도 북측 사람들과 남측 사람들이 보는 눈이 다른 것 같아요. 북측에서는 '이쁘다'고 하지 않고 '곱다'고 해요. 회사에 안내데스크가 있어요. 안내봉사원은 회사의 얼굴이기 때문에, 가급적 예쁜 사람을 뽑고 싶었습니다. 저와 우리 팀장이 북측과 협의를 했는데, 생산파트에 있는 예쁘장한 여성 근로자를 안내데스크로 배치하고 싶다고 했지요. 사실 생산파트에서 사무동으로 옮기는 것은 쉽지가 않아요. 우리가 "이런 자리에는 미인이 있어야 한다"고 이야기했는데 북측 사람들은 (해당 여성을 보고) "뭐가 미인이야?"라고 하는 겁니다. 보는 눈이 다른 거죠. 그 사람들은 남측의 미인을 봐도 "화장도 짙게 하고, 저게 뭐냐?"고 핀잔 주고 그래요.

사무동에서 일하는 북측 근로자들 이야기 좀 해주시죠.

사무동 직원은 미화원 8명을 비롯해서 식당, 총무, 인사, 교환원 등 33명이 있었어요. 초기에 사무동에 온 북측 근로자가 컴퓨터를 처음 다루는 것 같았어요. 그래서 하루 종일 컴퓨터 교육을 시켰습니다. 2년 정도 타자부터 엑셀, 회계프로그램까지 교육하고 예절교육도 시키고 청소하는 것까지 일일이 다 가르쳤습니다. 북측 근로자들은 뭐든 아주 세세하고 꼼꼼하게 가르쳐야 배웁니다. 대충대충 하면 거의 잘 모릅니다. 그들 기준에서는 우리 사회의 회사생활이 거의 모두 생소하고 낯선 것들이기 때문에 매우 세세하게 가르쳐야 합니다. 우리 기준에서 "당연히 이 정도는 알고 있겠지"라고 생각하면 대부분 오산입니다. 확실히 해야 합니다.

가치관이나 사고방식이 달라서 관리자로서 편하지는 않았을 것 같아요.

그들은 정확히 시킨 것만 합니다. 한번은 마당의 쓰레기를 치우라고 했더니 치웠다는 겁니다. 여기저기 담배꽁초가 많은데도 그렇게 말하는 거예요. 미화반장을 불러서 청소가 왜 안 되어 있느냐고 물었더니 청소 다 했다는 거예요. 아직도 담배꽁초가 많다고 했더니, 자기더러 쓰레기 치우라고 했지 담배꽁초 치우라고 한 건 아니지 않느냐고 하는 겁니다. 그런 식이죠. 업무를 정말 확실하고 명확하게 지시하지 않으면 안 됩니다. 말로 지시한 그것만 하니까요. 사회주의 노동이 그런 것 같았어요.

북측 사람들도 실내 청소할 때 청소기를 사용하나요?

물론 사용합니다. 하지만 청소기는 개성공단에서 처음 봤다고 했어요. 핀셋이나 클립까지 처음 봤대요. 심지어 '하얀 종이'도 처음 봤다는 거예요. 그들은 누런 갱지를 쓰더군요.

그 외에 물자부족으로 생기는 사례도 있을 것 같습니다.

주방에서 연료로 가스를 쓰기 때문에 공장마다 LPG 탱크가 있어요. 개성공단에는 도시가스가 들어오지 않거든요. 다른 공장에서 있었던 일인데, 북측 근로자가 빈 부탄가스통을 LPG 탱크에서 충전하다 폭발한 사건이 있었습니다. 전체적으로 에너지와 물자가 부족하다 보니까 그런 비슷한 일들이 소소하게 생깁니다.

업무 이외에 북측 사람들과 접촉할 기회는 전혀 없나요?

네 그렇죠. 가끔씩 생산성이 올라오고 열심히 하는 분위기면 과자나 빵, 음료수 같은 것을 차려놓고 함께 나눠 먹고 하기는 하죠. 그러면 대개 고맙다고 하고, 답례로 고구마를 쪄 온다든지 사과를 갖고 온다든지 해요. 그런데 북측 분들이 주는 사과는 많이 작더군요. 언젠가 한번은 누가 사탕을 주었는데, 마치 설탕덩어리를 녹인 것 같았어요. 준 사람의 성의를 생각해서 한두 개 먹긴 했죠. 아이들에게 줄 것을 아껴서 갖고 왔다고 생각하니까 그 정성이 참 고마웠습니다.

개성 상황이 안 좋을 때만 기사를 쓰는 국내 언론

남측 사람과 북측 사람이 친해지기도 할 것 같은데, 어떻습니까?

네, 그곳도 사람 사는 곳인데 호감 가고, 정이 더 가는 사람이 왜 없겠어요. 그러나 서로 조심하죠. 남북관계가 안 좋아져서 그런 측면도 있었습니다. 북측의 집단주의는 매우 강한 것 같아요. 마치 그물망처럼 촘촘하게 엮여 있다고 할까요. 그래서 마음을 툭 터놓고 지낸 사람은 별로 없었습니다. 좋은 관계일수록 오히려 더 조심스러워야 하는 안타까운 관계들이었죠.

우리 회사는 아이템을 참 잘 선정한 것 같아요. 경기가 어려울수록 여성들이 화장을 진하게 한다는 말에 공감합니다. 살림살이가 어려워도 화장은 하니까요. 업종 자체가 경기를 타지 않는 것 같습니다.

베트남이나 중국에 있는 회사들에 비해 생산단가도 20~30% 낮출 수 있었어요. 제품이 나오는 것도 중국이나 베트남이 두세 달, 길게는 다섯 달까지 걸리는데 개성은 2주면 나와요. RFID(전자출입체계)가 되면 서울에서 개성공단까지 1시간 20분 정도면 갑니다. 다른 회사의 경우 물류비가 생산단가의 10% 이상 되지만 우리는 1/100도 안 될 정도로 낮아요. 여러 모로 경쟁력이 있습니다.

영업도 수월해졌어요. 개성공단에 들어가기 전까지는 영업하기 바빴는데 개성공단에 입주하고 나서 1~2년 지나자 영업부가 외부에 나갈 일이 없어요. 이것저것 만들어달라고 오히려 찾아옵니다. 외부에 나가 있으면 제발 좀 만나달라고 사정하기도 합니다. 모두 개성공단의 경쟁력이죠.

타격을 많이 입었지요. 주문받은 제품 납기를 맞춰야 했으니까요. 외주업체에 주문해서 건뎌냈는데 원가에서 차이가 많이 났죠. 개성에서 만들어야 이익이 남는데 외주업체에서 생산하니까 손해가 많이 난 겁니다. 그래도 잘 방어했다고 봅니다.

개성은 포기할 수 없는 곳이에요. 하나밖에 남지 않은 끈을 놓을 수는 없지요. 개성에 있는 회사 대부분은 개성공단이 없으면 문을 닫아야 합니다. 6개월 가동중단 당시 대부분의 회사는 남측 주재원들에게 무급휴직을 보내거나 해고를 했어요. 해고하지 않고 임금을 모두 지불한 회사는 몇 군데 없어요. 우리 회사가 그중 하나죠. 우리는 바로 유급휴가를 줬습니다.

대표가 훌륭하시네요. 그래도 직원들은 불안하지 않았을까요?

당시 주재원이 30명이었는데 그분들은 7~8년 동안 개성공단에 있었던 분들이라 마음은 편하지 못했어도 어떤 전환기를 맞이했다고 봐요. 주재원들은 보통 2주에 한 번 밖으로 나옵니다. 24번 정도 가족을 만나면 1년이 가요. 사실 많이 지쳐 있을 시기였는데, 가족과 함께 지내면서 여러 생각도 하고 뒤를 돌아볼 수 있는 계기도 되었던 것 같습니다. 그때 회사 대표께서 "만약 개성공단이 닫히게 되면 회사를 차려서 직원을 뽑고 운영해라. 지원해주겠다"고 했습니다. 어차피 우리는 외주업체를 구해야 하는데, 이왕이면 우리 제품을 잘 알고 있는 우리 직원이 하는 외주업체라면 같이 일하기 좋잖아요..

손실을 입은 기업들이 정부에 보상을 요구한 것으로 알고 있는데 어땠나요? 언론보도도 정확하지 않았다고 하던데?.

보상은 전혀 없었습니다. 언론이 자신들이 쓰고 싶은 내용만 골라서 기사로 쓰는 것 같아요. 가끔 지인들을 만나면 다들 개성공단이 오래전에 폐쇄된 줄 알아요. 개성 상황이 나빠질 때는 언론에서 신나게 기사를 써대다가 좋아질 때는 안 써요. 우리나라 언론이 그렇더라고요. 사실 관계 확인을 전혀 안 하는 건지, 알면서도 그냥 막 쓰는 건지, 하여튼 실제상황과는 많이 다른 오보가 전체적으로 적지 않았습니다.

개성공단 사업이 '퍼주기'가 아닌 이유

개성의 북측 근로자들을 통해서 북측 사회의 변화상이 보이는지요?

네 적지 않은 변화가 있죠. 생각들도 많이 바뀌었고요. 몸은 아니지만 머리는 바뀌고 있다고 생각됩니다. 우리가 잘사는 것을 알고, 내심 부러워하는 것 같기도 하고, 우리가 거짓말을 하는 게 아니라는 것도 깨닫는 것 같아요. 우리의 여러 면들에 대해 호기심이 있어요. 내놓고 표현하지는 않지만 우리가 누리는 여러 가지를 호의적으로 보는 것 같아요.

업무 지휘체계상 북측 근로자에게 직접 지시를 하지 못한다면서요?

가급적 현장 근로자와 직접 소통하지 않고 작업반장이나 총무, 종업원대표 등을 통해서 업무지시를 하라고 합니다. 남북관계가 경색되면서 개성공단의 남북측 근로자들 관계도 많이 어려워졌다고 보면 됩니다. 여러모로 자연스럽지 못하죠.

개성에서 일하면서 느낀 점을 짧게 표현해주시죠.

개성공단에서 일하면서 '북한에 퍼줬다'는 말을 많이 들었습니다. 적절치 않은 것 같아요. 개성 기업들은 남측에서는 버틸 수 없어서 개성에 간 겁니다. 아니면 중국이나 베트남으로 갔겠지요. 돈을 주긴 했지만 그냥 준 것은 아닙니다. 어차피 지불해야 할 임금인데, 중국이나 베트남 사람들에게 줄 것이냐, 개성 사람들에게 줄 것이냐, 그 차이죠.

개성공단이 사람들을 많이 바꿔 놓았다고 생각합니다. 이것은 돈 주고도 못 바꾸는 것이거든요. 5만 명이 넘는 근로자들이 있고, 그 가족과 남측 주재원들까지 합치면 상당한 인원이 개성공단에서 생활을 꾸려가고 있습니다. 자연스럽게 서로 배우면서 바뀌는 거라고 생각합니다. 개성공단 같은 것이 10개가 생기면 어마어마하게 바뀔 것입니다. 개성공단이 남북평화와 통일을 위한 초석을 만들고 있다고 생각합니다.

혹시 개성에 가기 전과 비교했을 때, 통일에 대한 생각이 바뀌었나요?

개성공단에 가기 전에는 통일에 대해 깊게 생각하지 않았어요. 그런데 지금은 여러 가지를 생각합니다. 통일은 여러 가지가 복합적으로 맞아야 되겠지요. 통일은 그 사람들의 경제수준과 사회문화적 측면들을 끌어올려 상호 어느 정도의 동질성을 가질 때 자연스럽게 된다고 생각합니다. 그 사람들도 말로는 표현 못하지만 변하고 있거든요. 남측 사람들을 많이 접하게 되는 사람들이 그간의 경계심과 대립의식을 내려놓고 한 민족, 한 동포임을 알아가고 있습니다. 이런 변화가 많아질수록 사회 분위기가 바뀌면서 자연스럽게 통일도 되지 않을까 싶어요.

[취재 그 후…]

민소매 티셔츠에 반바지를 입고 한 손에는 스마트폰을 들고 이어폰을 귀에 꽂은 채 출근하는 북측 근로자를 상상해본다. 그가 편의점에서 다리를 꼬고 앉아 아메리카노 커피를 마시고 있는 모습도 상상해본다. 그런 시절이 오지 않을 이유가 없다. 단지 시간이 걸릴 것이다.

이 팀장은 북측 근로자들의 옷차림에서 변화를 느끼기 시작했다. 특히 여성들은 모든 근로자가 옷을 다르게 입을 정도로 변화가 크다고 한다. 이는 그만큼 물질적으로도 상당히 나아지고 있다는 증거일 것이다. 변화는 긍정적인 물리적 변화로부터 시작된다.

8. 차라리 당신을 믿지,
누구도
못 믿습네다 _____ 남영준 차장

– 취재 김세라

공기업에 근무했던 남영준 차장은 개성공단 착공 당시부터 2014년까지 10여 년간 공단 업무에 종사했다. 그는 이야기를 시작하면서 "개성공단이 국민에게 잘못 인식되거나 이상하게 이용되는 것을 원치 않는다"고 했다. 그런 바람이 인터뷰에 응한 배경이 되었으리라.

'이상하게 이용되는 것'이 무엇을 의미하는지는 굳이 묻지 않았다. 개성공단 체류 초기부터 써온 일기를 책으로 엮을 생각도 했었다는 남영준 차장. 그가 개성에서 보낸 '애증의 10년'을 같이 복기해보자.

개성공단에서 주로 어떤 일을 담당하셨나요?

개성공단 100만 평 조성사업을 담당했습니다. 북측과 업무협의, 연락 등 대북협상과 북측 근로자들 노무관리 등도 담당했지요.

개성공단 근무는 어떻게 하게 되었나요? 발령을 받으신 건가요?

회사에서 지원자를 공모했어요. 저는 대북관이 그리 부정적이지 않았고 미지의 세계에 대한 호기심이 있었어요. '돈'이라는 반대급부도 있었지만, 결정하는 데 큰 비중을 차지했던 건 아닙니다. 당시 경쟁률이 5대 1이었는데 면접시험 등을 거쳐 선발되었습니다.

왜 자신이 선발되었다고 보시나요?

저를 북측 사람들과 원만하게 지낼 수 있는 사람으로 본 것 같습니다. 대인관계가 나쁘지 않거든요. 공기업이다 보니 일의 성과 못잖게 일을 매끄럽게 처리하는 역량도 중요합니다. 국외 근무를 하려면 동료 직원들뿐만 아니라 사업 파트너와도 잘 지내야 합니다. 북측 사람들과 접촉하는 일이다 보니 개개인의 성향이나 소양이 아주 중요했어요.

군복 입은 북측 여자들에게 잡혀가는 꿈

공단이 조성될 때부터 근무하셨는데, 초창기 공단의 모습은 어땠나요?

개성공단은 2000년 8월에 합의되어 12월에 2,000만 평(공단 800만 평, 배후도시 1,200만 평) 규모로 확정되었어요. 육로를 통해 개성으로 직접 간 것이 제가 체류하면서부터예요. 그 전까지는 평양을 통해서 갔죠. 처음 개성에 가서 보니까 전체 10km인 개성공단 남북 연결도로의 남측 구간 5km는 공사가 끝났는데 북측 구간 5km는 아직 공사 중이었어요. 지금은 은행, 편의점, 호프집까지 있지만 그때는 편의시설이라고는 아무것도 없었죠. 그래서 초창기 몇 달 동안은 북측 사람들과 같이 생활하다시피 했어요. 밥도 구내식당에서 같이 먹었고, 술도 같이 먹었죠. 그러다 보니 더 쉽게, 더 빨리 친해질 수 있었고요. 당시 체류 두 달 만에 결막염에 걸렸는데, 북측 의사가 와서 치료해줬어요.

말끔하게 치료가 되었나요?

네, 완전히 나았죠. 제가 눈의 염증 때문에 일을 못하니까 북측 사람들이 의사를 데려오더라고요. 그때는 공단에 병원도, 약국도 없었기 때문에 개성인민병원에서 의사가 왕진을 왔어요. 주중이라 남측에 내려올 수가 없었거든요.

혹시 북한 주민들에 대한 선입견 같은 것은 없었나요?

호기심은 있었지만 경계심은 없었어요. 북측 사람들은 우리를 경계하는 눈으로 봤어요. 처음 6개월 정도는 그런 분위기에서 생활한 것 같아요. 식당에서 일하는 북측 여성들이 군복을 입고 저를 잡아가는 꿈을 꿀 정도였죠. 6개월 정도 그렇게 탐색하는 시간을 가진 후에는 서서히 서로 이해하고 받아들이게 되더라고요. 지금도 마찬가지지만 개성공단에서 제일 큰 문제는 북측이나 남측이나 서로 상대에 대해 잘 알지 못하는 상태에서 만나고 있다는 거예요. 책이나 유인물로 교육받으며 습득한 지식, 즉 아주 단편적인 지식만 갖고 만나게 된다는 거죠. 서로 너무 모르고 만납니다. 충분한 사전교육이 필요합니다.

북측 근로자들은 초기에 비해서 어떤 변화가 있었나요?

북측 근로자들은 "돈을 벌기 위해 온 게 아니고, 어려운 남측 기업들을 도와주라는 장군님(김정일 국방위원장)의 뜻을 받들어 온 거다"라는 말을 많이 했어요. 당황스러웠죠. 그때 근로자들 월급이 50달러였는데, 50달러라는 월급도 장군님이 어려운 남측 기업을 배려해서 책정한 액수라고 하더군요.

그들은 사회주의 경제교육을 받았기 때문에 '자본가는 노동자들을 수탈하는 계급'이라는 고정관념을 갖고 있는 것 같았어요. 그런데 공단에 와서 일하면서 서서히 인식에 변화가 생기는 것 같았어요. 현재 근로자들이 매달 130달러를 받는데, 그 돈이면 4인 가족이 먹고 살거든요. 그리고 초창기에는 상당히 자기주장이 강했어요. 그들의 체제와 제도의 우월성을 많이 주장했죠. 하지만 시간이 가면서 그런 게 줄어들고 우리와 더불어 사는 법을 배우더라고요. 저도 마찬가지였고요.

그렇군요. 특히 우리와 다르다 싶은 것은 어떤 부분이었나요?

그들의 교육이 참 무섭다는 생각이 들었습니다. 어려서부터 지도자들의 사진을 보며 '감사하다'는 맹세를 하면서 자랐기 때문인지 충성심이 정말 대단한 것 같습니다. 반면에 우리가 알고 있는 보편적 지식들은 모르는 게 많은 것 같았어요. 심지어 남한 인구와 북한 인구가 각각 얼마인지, 전 지구 인구가 얼마인지, 주권국가가 몇 개인지도 잘 모르는 것 같았어요. 서로 배운 게 다르니까 그런 것 같아요. '우리의 소원은 통일'만 알지, 당장 먹고사는 데 필요한 것들은 모르는 거죠.

그와 반대로 '핏줄이 당기는 느낌' 같은 걸 느끼신 적도 있을 것 같은데요?

그럼요. 아무래도 스포츠가 매개가 되죠. 정치·군사적으로는 대치 관계에 있지만 스포츠나 문화 쪽에서는 상대적으로 대화의 여지가 있습니다. 예를 들어 국제대회에서 북측 사람들이 메달을 따면, 우리는 매스컴을 통해 그들보다 결과를 먼저 알게 되니까 그들을 축하해주죠. 남측이 잘 싸운 경우도 북측이 축하해주고요. 그런 것에 있어서는 서로 허심탄회하게 기쁨을 공유했다고 봐요.

스포츠 말고 정치나 사상, 체제에 대한 이야기는 금기였겠죠?

그렇죠. 말을 잘못했다가 낭패 본 사례가 좀 있었죠. 어느 기업 관리자가 농담으로 "이 거지같은 놈아!"라고 했다가, 근로자들을 모독하는 발언을 했다고 추방당한 일이 있어요.

자존심 강한 북측 주민에게 참기 어려운 모욕이었을 것 같네요. 그 관리자는 왜 하필이면 '거지'라는 단어를 써서 일을 꼬이게 만들었을까요?

그와 비슷한 경우가 일 년에 한 번씩은 있었던 것 같아요. 그래서 민감한 이야기는 아예 말을 안 꺼냅니다. 혹시 하게 되더라도 북측 사람이 한 명만 있을 때 하죠. 북측 사람이 한 명만 더 있어도 그런 얘기가 즉각 공론화되는 시스템이거든요.

혼자 있을 때 그런 이야기를 듣는 북측 사람은 어떻게 반응하나요?

듣고는 덮어버려요. 그들도 '문제'가 되는 걸 원치 않으니까요. 불려가서 경위를 설명해야 되잖아요.

연평도 사태나 천안함 사건 등으로 남북관계가 민감했던 시기에는 어땠나요?

북측 사람들은 공단에 부담이 될 만한 이야기나 남북 대립을 조장할 만한 발언을 하지 않습니다. 그리고 그들은 연평도 사태나 천안함 사건을, 남측이 북측을 자극하는 바람에 북측이 부득이한 제재 수단으로 방어적 차원에서 한 거라고 인식하고 있어요.

물리적 통합에 앞서 정신적 통합부터

북측 사람들 중 가깝게 지낸 사람이 있었을 것 같은데, 어떻게 친해지게 되었나요?

사람 보는 눈은 다 마찬가지 아니겠어요? 같이 지내면서 서로의 인성을 판단하죠. 상대를 배려하는 사람, 상대를 배신하지 않을 사람이라는 평가가 복합적으로 작용하죠. 그런 친구가 있었어요. 같이 술도 마시고 이런저런 이야기도 나눴죠. 그 친구는 북한 체제나 지도자에 대한 불만은 전혀 없었어요. 다만 경제적 상황에 대해 불만을 털어놓곤 했죠. 미국의 경제봉쇄조치 때문에 경제가 어렵다고요. 다들 그렇게 배우니까 그렇게 알고 있죠.

북측 근로자가 남측 주재원에게 속내를 털어놓는 건 간단한 일은 아니었을 것 같은데요.

그렇죠. 그쪽 사람들은 수줍음도 많고 인정도 많은데, 어떨 때는 정말 아니라는 생각이 들기도 했어요. 옆에서 사람이 죽어나가도 눈 하나 깜짝하지 않을 것 같은 느낌? 말실수로, 아니면 철칙(숙청)을 당해서, 하루아침에 신상에 변동이 생기는 걸 봐서 그렇게 된 것 같아요. 주변에서 누가 갑자기 안 보여도 애석해하거나 안타까워하지 않아요. 그냥 무덤덤해요.

좋은 관계를 맺은 그 한 친구는 어떻게 신뢰를 쌓게 되었나요?

개인 대 개인의 신뢰였다고 봅니다. 체제의 차이나 현실적 문제들에도 불구하고, 오랜 업무의 과정 속에서 그런 것들을 극복할 수 있었어요. 그 신뢰의 실체는 막연한 믿음이라고 할까요? 그 친구와 제가 가치관이나 성격, 인성 같은 것이 잘 통하고 잘 맞는 사람이었던 거죠.

다른 나라 출신의 친구와는 차이가 있었을 것 같아요?

그렇죠. 같은 한민족이라는 게 공통분모가 되는 거죠. 북한이 현실적으로 중국에 의지하고 있지만 중국을 좋아하지는 않습니다. 우리도 미국과 밀착되어 있지만 미국을 좋아하지는 않죠. 우리가 지금 남북으로 갈라져 있는 것이 근대에서 현대로 넘어오는 과정에서 생겨난 이념전쟁의 산물이잖아요. 지금 미국, 일본, 중국, 러시아 등 주변국들이 한반도 문제에 깊이 개입하고 있는데, 자신들의 이해관계만 따지기 때문에 결코 우리 한민족을 위해 좋은 일을 해줄 리가 없어요. 남과 북이 그 부분에 대해서는 공통된 인식이 있다고 봅니다. 그 친구와도 그런

200

면에서 공감대가 이루어진 거고요.

다른 북측 근로자들과도 두루 가깝게 지내셨나요?

다른 근로자들과는 따로 인간적으로 친해질 기회는 별로 없었지만 교류는 많이 했습니다. 근로자들이 약밥 같은 것을 만들어 와서 나눠 먹곤 했지요. 그쪽 사람들이 기본적으로 나눔의 정이 있어요.

그런 일이 자주 있었나 봅니다.

북측은 우리가 과거에 그랬던 것처럼 관혼상제 때 물품을 나눠요. 사람과 만나고 헤어질 때도 그렇고요. 집에 있는 쌀이나 달걀을 갖다 준다든가 집에서 만들 수 있는 것을 해 와서 나누죠. 그런데 최근 개성공단에서는 돈으로 인사하는 식으로 좀 바뀐 것 같아요.

저는 북측 사람들에게서 그림도 받고 음식도 많이 받았어요. 주로 개성약밥(약식), 개성인삼 등 지역 특산품들이죠. 술도 받았고요. 거기서 사실 술은 굉장히 비쌉니다. 사흘 벌어야 백두산 들쭉술 한 병을 살 수 있으니까요. 이번에 개성 근무 끝내고 나오면서도 인삼주, 백두산 들쭉술, 약밥 등을 받았습니다.

받기만 하셨을 리는 없고, 그쪽에 선물도 많이 하셨겠네요.

사람의 마음을 얻는 가장 좋은 방법은 자식을 챙겨주는 겁니다. 그래서 저는, 자식이 축구선수라고 하면 축구화나 축구공을 사주고, 그림 그린다고 하면 그림도구 사주고, 누가 출산했는데 젖이 부족하다고 하면 분유 사주고 그랬어요. 그런 과정을 통해 '저 사람은 우리에게 적대적인 사람이 아니구나'라고 느끼게 되었을 거예요. 저 말고도 그렇게 하는 사람들이 많은 걸로 알고 있어요.

하지만 선물을 잘못 전달하면 오히려 진심이 왜곡될 가능성도 있었을 것 같습니다.

선물이건 뭐건, 북측 사람들에게는 자존심이 상하지 않게 줘야 합니다. 선물은, 갖다 놓으면 알아서 가져가요. 직접 전달하지는 않죠. 그쪽의 지침은 남측 사람들과 가급적 접촉을 삼가라는 것이거든요. 특히 당국 관계가 안 좋아지면서 그런 경향은 더욱 심화되었어요. 그런 원칙에도 불구하고 직원 생일이나 기념일 등에 다과를 나누는 것까지는 막지 못하는 거죠.

북한 근로자들과 어울리는 것에 불편함을 느끼는 남측 주재원도 있었을 것 같습니다.

저는 고향이 지방이지만 지역감정이 없는 사람입니다. 그래서 개성에 가서도 쉽게 적응한 거죠. 대북사업을 하려면 일단 열린 마음이어야 한다고 봅니다. 북측에서도 마찬가지입니다. 제가 거기서 놀란 것이 뭐냐면, 협상하면서 남측 사람들과 자꾸 부딪치는 북측 간부들은 결국 밀려나더라는 거예요. 남측에 비우호적인 사람은 대남사업에서 배제되는 거죠. 개성공단은 남과 북의 체제가 만나는 접점에 있으니까 서로 이해하고 받아들이는 포용력이 필요해요.

그럼에도 지금 남측에는 개성공단을 부정적으로 보는 시각이 있는데요.

얼마 전 '통일은 대박'이라는 말이 세간의 화제가 되기도 했지만, 저는 물리적 통합보다 정신적 통합이 더 중요하다고 봅니다. 말하자면 경제적·문화적·사회적 통합이 먼저라는 거죠. 하지만 그건 자연스럽게 이루어질 거라고 봅니다. 그래서 지금 단계에서 통일을 논하는 것은 시기상조라고 봐요. 그렇기 때문에 개성공단이 중요한 거죠. 남과 북이 개성에서 만나 서로 동질성을 회복해가고 있으니까요. 서로의 차이들을 조금씩 줄여나가고 있어요.

남과 북이 차이가 크긴 큰가 봅니다.

사실 개성에서 근무하면서 '지금 통일이 되면 큰일 나겠다'고 생각했어요. 너무 많이 다르니까요. 그렇게 생각한 사람이 저 혼자는 아닐 겁니다. 만약 개성공단 주재원들 대상으로 통일에 대해 여론조사를 해보면, 과반 이상이 반대할 걸요? 서로 이질감을 많이 확인했기 때문이죠. 하지만 개성공단 10년 동안 남측과 북측의 사람들이 만나면서 그 차이가 좀 줄어들었고, 앞으로는 더 줄어들겠죠. 그런 간극들은 더디기는 하지만, 시간이 가면서 점점 좁혀지더군요.

남과 북의 '다름'이나 의견 차이로 인한 갈등의 예를 좀 들어주시겠어요?

그런 사례는 아주 많습니다. 초기에 남측 주재원들이 스트레스를 푼다면서 술 마시고 고래고래 소리를 지른 적이 있는데, 북측에서 추방시키겠다고 한 거예요. 북측에 불만이 있어서 그러는 사람은 개성공단

사업을 할 자격이 없다면서요. 아, 이런 일도 있었네요. 누군가 김일성을 '그 양반'이라고 호칭했다가 추방당할 뻔했죠. 여기서는 그 말이 낮춤말이 아니지만 북측 사람들은 엄청난 모독으로 여기는 거죠. 남측의 언어문화를 설명하고, 그런 것까지 문제 삼으면 되겠느냐고 설득해서 겨우 막았어요.

그와 반대되는 경우는 없었나요? 이를테면 남측 주재원들이 북측 사람들의 태도나 행동을 문제 삼아 갈등이 벌어진 경우?

우리는 북측 근로자들의 생산성, 말하자면 그들의 태만함을 많이 지적합니다. 그래서 근로자를 교체시킨 적이 있죠. 근로자를 교체해달라고 요구하면, 그 요구가 타당할 경우에는 받아들입니다.

교체된 근로자는 어디로 가나요?

본인이 선택을 할 수 있어요. 가고 싶은 회사가 있다고 하면 그곳에 배치해줍니다.

통일을 원하는 북한주민들

남북의 풍습도 차이가 클 것 같은데, 어떻던가요?

관혼상제에 참석해본 적은 없지만 우리와 비슷한 것 같아요. 다만 물자가 부족하니까 약식으로 치르는 것 같긴 해요. 결혼식은 우리처럼 지인들이 참석하고, 기념사진을 찍어요. 남녀가 자유연애도 많이 하고요. 중매와 연애가 50:50 정도라고 보면 될 거예요. 국가가 개인의 사생활에 간섭하는 것 같지는 않더라고요. 개인의 자유가 많이 신장된 측면이 있죠.

북측 사람들은 남북 경협에 대해, 더 나아가 통일에 대해 기대를 많이 하고 있나요?

네, 통일에 대해 굉장히 기대를 많이 하죠. 제 개인적인 판단입니다만 일단은 개성공단 같은 곳이 더 많이 생겨서 '먹고사는 문제'가 어느 정도 해결되기를 바라는 것 같아요. 남한의 경제력과 북한의 군사력이 합쳐지면 우리나라가 진정한 강국이 될 수 있다고 생각하는 거죠. 그들도 '메이드 인 차이나'보다 '메이드 인 코리아'를 훨씬 선호해요. 중국산 싫다고 합니다. 실제 장마당에서도 한국 제품이 더 비싸게 거래되고 있고요.

북측 간부들이 경험하는 근로자 관리의 어려움은 어떤 것일까요?

근로자들에 대한 통제가 잘 안 되는 경우들이 있죠. 예를 들면 근로자들은 공휴일에도 특근을 하고 싶어 해요. 하루라도 나와서 일하는 게 쉬는 것보다 좋다는 거죠. 그래서 휴일로 지정해도 근로자들이 기업과 협의해서 출근하는 경우가 적지 않아요. 그만큼 북측 사람들이 돈에 눈을 떠가고 있는 거죠. 하지만 아직 물질만능주의 수준은 아니에요. 국가가 해결해주던 생존의 문제를 이제는 개인이 해결해야 하니까 거기에 맞춰 달라진 것뿐이에요. 생활력이 많이 강해진 거죠.

북측 사람들은 대체로 어떤 유형의 남한 사람들에게 호감을 갖던가요?

그쪽 사람들은 사람을 판단하는 기준이 세 가지라고 하더군요. 물론 일반론입니다. 일단 입이 무거워야 합니다. 그리고 두 번째, 정이 많아야 합니다. 그들은 '정이 무르다'라는 표현을 써요. 마지막으로, 강직하고 정의감이 강해야 합니다. 그들은 부부나 형제 정도의 사이라면 모를까, 남에게 자기 생각을 잘 얘기하지 않아요. 불이익을 받는 경우를 자주 경험해서일 겁니다. 북측 사람들과 이야기하다 보면 이런 말을 종종 듣습니다. "차라리 당신을 믿지, 누구도 못 믿습네다." 그래서 남측 사람들에 대해서도 '입이 무거운 것'을 첫손으로 꼽아요.

남측 사람에게 동화되지 않는지, 감시를 많이 하나요?

그런 구체적인 사실을 확인할 수는 없지만 그런 습관은 아주 체화되어 있어요. 동료들의 일탈이나 집단적 가치와 안 맞는 행동 등을 생활 총화 시간에 점검하고 상호 비판하는 게 몸에 배어 있어요.

언젠가 다시 만나게 될 거라는 믿음

2013년 개성공단이 가동중단되었을 때는 어땠나요? 공단이 다시 열릴 거라는 확신이 있었나요?

공단 폐쇄까지는 안 갈 거라고 생각했어요. 북측 간부들도 마찬가지였고요. 가동 중단에 관해 이런저런 이야기가 떠돌 때도 "그런 일은 없을 거야" 하면서 서로 위로했죠. 개성공단이 그렇게 되어서는 안 된다는 가치판단적 인식이 남측과 북측 사람들에게 공통으로 있었던 겁니다. 그러다가 졸지에 헤어진 건데, 다시 열리려면 시간이 걸릴 거라는 생각은 했어요. 그런데 의외로, 제 생각보다 빨리 열리더군요.

공단이 열려 다시 북측 사람들을 만났을 때 퍽 감격스러웠겠어요.

  4월 하순에 나왔다가 7월에 점검차 갔는데, 맞아요. 감격의 순간이었어요. 서로 너무 원했던 재회니까요. 특히 북측 사람들이 더 원했던 것 같아요. 그동안 잘 있었느냐면서 서로 진심으로 인사를 나눴어요. 사실 북측 사람들은 악수를 잘 안 하는데 여직원들까지도 다른 사람들 눈치 안 보고 손을 내밀더군요. 그 사이 북측 사람들 얼굴이 많이 안 좋았어요. 집단노력동원 같은 곳에 나갔었나 봐요. 얼굴들이 많이 탔더라고요. 여러모로 안쓰러웠습니다.

집단노력동원이라면 어떤 일일까요?

  2013년에 개성역사지구가 유네스코 세계유산으로 지정되었어요. 그래서 문화재 관련 도로 정비나 시설물 공공근로를 한 것으로 보입니다. 북측은 교통여건이 안 좋아서 10킬로미터 정도는 걸어서 이동해요. 왕복하면 4~5시간이죠. 게다가 강도 높은 노동을 석 달 동안 내내 했으니 살이 빠지고 얼굴들도 축이 많이 난거죠.

공단 폐쇄-재가동 사태 이후 특별한 변화는 없었나요?

  북측 사회는 당이 모든 것을 결정합니다. 그런데 개성공단 재가동이라는 당의 결정은 민의를 반영한 측면이 없지 않다고 생각합니다. 개성공단 북측 근로자들의 공단정상화 재개 의지들이 유무형으로 당의 결정에 반영되었을 거라고 조심스럽게 판단하고 있습니다.

거시적으로 남과 북 모두에게 개성공단의 의의가 무엇이라고 보시나요?

개성공단은 남북 모두에게 상생의 터전이 될 곳입니다. 북측 사람들에게는 자본주의 경제를 체험하는 교육장이면서 가족의 생계가 해결되는 공간입니다. 또 남측 기업인들은 경제적 이득을 추구할 수 있으니 결과적으로 남한 경제에도 보탬이 되죠. 남과 북의 이질성 해소에도 큰 역할을 하고 있고요. 그래서 개성공단은 모두에게 행복과 꿈과 희망을 주는 터전이라고 생각합니다.

지금은 개성공단의 의미와 시너지 효과를 제대로 체득하지 못한 채 경제적 측면만 부각되고 있지만, 그런 경제적 수치로 계량화할 수 없는 곳이라고 봅니다. 민족사적으로 큰 의미가 있는 곳이었다는 것을, 나중에 통일이 되면 알게 될 거라고 봅니다.

대북사업에 오래 종사한 만큼 소회가 남다를 것 같습니다. 어떠신가요?

대북사업하는 사람들은 사실 북한에 대해 애증이 많아요. 사랑하는 마음과 미워하는 마음이 교차한다고 할까요? 가끔은 '저 사람들 참 싫다' '저 사람들 참 이해 안 간다' 싶을 때가 있어요. 그런데 우리만 그러겠습니까? 북측에도 우리가 월급과 초코파이를 준다고 고마워하는 사람도 있지만 자기들을 착취하고 돈밖에 모른다며 싫어하는 사람도 있거든요.

혹시 통일의 가능성이나 방법론에 대해 생각이 달라진 점이 있나요?

개성공단에서 10년을 지내고 보니 통일은 '환상'이 아니라는 생각이 들더군요. 통일은 우리에게 무조건적인 이상이라거나 무조건 큰 이득을 안겨주는 절대적 가치는 아니라는 겁니다. 현실적으로 남북이 통일되려면 그 전에 먼저 사회 각 부문에서 통합이 이루어져야 한다는 겁니다. 통일보다 통합이 더 중요하고 더 먼저라는 거죠. 예전에는 통일을 어떤 맹목적인 목표로만 생각했는데, 이제는 통일의 구체적인 방법이 눈에 보이는 겁니다.

10년 근무를 마치고 개성을 나오면서 심경이 복잡하셨을 것 같습니다. 기분이 어떠셨나요?

북측 사람들과의 송별식에서 이런 말들이 오갔어요. 건강하자고요, 언젠가 다시 만날 거니까…. 2013년에는 '개성공단이 정말 이렇게 끝나는가?' 했는데, 그런 시절도 있었는데, 다시 열렸잖습니까? 10년 동안 공단이 이어지는 걸 보면서 남북관계가 그리 쉽게 차단되지 않는다는 믿음이 이제는 생긴 것 같습니다. 그러니 남과 북에서 각자 건강하게 지내다 보면 언젠가 다시 만날 수 있겠죠. 그런 날을 진정 학수고대합니다.

　　남 차장은 개성에서 보낸 10년을 회상하며 한 마디 한 마디 신중하게 이야기했다. 어조는 차분하고 담담했으나 표정에는 여러 색깔의 감정이 어른거렸다. 애초에 북한 주민들에 대해 아무런 편견이 없었다는 그는 개성공단에 있는 동안 '애증의 교차'를 경험했노라고 털어놓았다. '애증의 교차'는 그의 얼굴을 스치던 복잡다단한 감정들을 깔끔하게 요약해주는 말이었다.

　　그는 개성에서 있었던 몇 가지 개인적 경험들을 이야기하면서 그로 인해 개성의 지인들에게 피해가 가지 않을까 염려하였다. 현재의 개성공단과 남북관계를 슬프게 상징하는 자화상이었다.

　　인터뷰가 끝나고 그는 '통기사모(통일을 기원하고 사랑하는 모임)'에 가는 길이라고 했다. 개성공단에서 같이 일했던 동료들의 모임이란다. "오늘도 가면 술 한 잔 하게 될 것 같다"면서 발걸음을 재촉하던 남 차장에게 그날의 술맛은 어떠했을까…?

9. 제주도가 그렇게 좋습네까? 멋있는 경치 사진 있으면 좀 보여 주시라요!

정진우

– 취재 김세라

정진우 씨는 2009년부터 2010년 말까지 개성공단 관리기관에서 근무했다. 오랫동안 자동차 관련 기술업무에 종사한 그는 30대 초반의 매우 성실한 사람이었다. 정 씨는 남한 땅에서 오가는 욕설을 북한 땅에서도 듣는 순간, '아 이래서 우리가 동포구나'라고 생각했다고 한다.

개성공단 근무는 어떻게 시작하게 되었나요?

개성공단이 있다는 것은 뉴스를 봐서 알고 있었지만 '나와는 관계없는 일'이라고 생각했어요. 자동차 기술정비 일을 하고 있었는데 개성공단에서 관련 분야 사람을 뽑는다는 공고를 보고 지원하게 되었죠. 호기심이 생기더라고요. 어떤 곳일까 궁금하기도 하고, 한번 가보고 싶다는 생각이 들었죠. 평생 기술정비만 할 것이 아니라 관리직도 한번 해보고 싶다는 생각도 있었죠.

2009년이면 대북관계가 악화되고 있었을 때인데 그에 따른 부담은 없었나요?

　주변에 물어봤는데 다들 생각보다 위험하지는 않다고 하더라고요. 언론에 보도되는 것과는 다르다고요.

그런 정보를 어디서 얻으셨나요? 개성공단에 대해 잘 아시는 분이 주변에 계셨나 봅니다.

　면접 볼 때 해당 기관에 직접 물어봤어요. 또 함께 일하게 된 여러 동기들 중에 북한학을 전공한 사람이 많았어요. 전공이 북한학이니까 들은 이야기가 많은 것 같더라고요.

　제 고향이 강원도 양구예요. 휴전선 바로 아래 민통선 지역이라 북한에서 날아온 삐라(심리전에 쓰이는 비방 전단)를 보면서 자랐죠. 그래서 그런지 북한과 관련된 이슈에 줄곧 관심이 있었습니다.

통근버스 운전사들의 빈번한 부품 요구

담당하신 업무를 구체적으로 소개해주세요.

　차량 기술정비 책임자였죠. 부속구매, 예산관리 등을 포함해서요. 차량을 점검해서 문제가 있으면 북측 정비일꾼들에게 수리지시를 하고요. 개성공단 북측 근로자들이 타는 통근버스는 구조가 단순하고 전자제어장치가 없어서 심각한 고장이 없었어요. 기술이 필요 없는 단순정비라 북측 사람들이 더 잘해요. 북측 운전기사들은 기본적인 정비도 곧잘 합니다. 북측은 운전수 자격증을 따려면 기본정비를 꼭 해야 한다더군요. 통근버스가 모두 250대 정도 있었는데, 운전기사 한 명이 버스 한 대를 담당하는 식이에요. 운전기사들이 몇 호 차가 어떻게 고장났다고 말하면, 실제 고장이 난 건지 확인하고 새 부속품을 주면 기사들이 직접 수리하죠. 그 다음에는 새 부품이 장착되었는지 확인하고 고장 난 폐품을 수거해요.

고장이 안 났는데도 고장 났다고 하는 경우도 있나요?

네, 부품이 많이 부족하잖아요. 공단에 처음 갔을 때, 차가 고장 났다면서 부속을 계속 달라고 해서 차를 갖고 와보라고 했어요. 고장이 확인되지 않으면 부속을 안 주겠다고 했죠. 그랬더니 더 이상 요구하지 않더군요. 제일 많이 요구하는 게 배터리예요. 그래서 폐배터리를 갖고 오면 교환해주곤 했어요. 그런데 타이어는 비포장도로가 많아서 실제로 교체를 자주 해야 했어요.

근무하는 동안 북측 일꾼들과 사이는 어땠나요?

친하게 지냈어요. 처음에는 이런 일이 있었어요. 북측 기사들이 모이는 곳에 갔더니 배구를 하고 있더라고요. 친해지려면 같이 운동을 해야겠다 싶어서 함께하자고 했더니 안 된다는 거예요. 그래서 한 번 더 물어봤어요. "같이 합시다! 나도 배구 좀 할 줄 알아요!" 그랬더니 "안 됩네다! 정 선생은 빠지라요!" 그러는 거예요. 공단에 들어가기 전에 북측 사람들과는 무엇이든 같이 하면 안 된다고 교육받았던 것이 생각나더군요. 그 후 어느 정도 지나니까 요령이 생기더군요. 신뢰가 여러 겹 쌓이면 되더라고요. 처음에는 경계하다가 경계심이 무너지면 어울리는 거죠. 그들에게는 호의를 직접 나타내면 안 돼요. 예를 들어 귤 같은 것도 직접 주면 안 받아요. 그런데 귤을 두고 가면 먹어요. 다음 날 보면 귤껍질만 있는 식이죠.

20대의 나이에 북측 운전기사나 정비사들을 관리하기가 쉽지 않았을 텐데, 지시를 하면 순순히 응하던가요?

처음에는 제가 어리니까 잘 안 먹혔어요. 젊어서 얕잡아봤는지 정비 실력을 테스트해보더라고요. 이거 해봐라, 저거 해봐라 하면서요. 언젠가 저더러 바퀴를 조여보라고 해서, 일단 보여줬어요. 그런 다음 남한에서는 이렇게 한다고 하면서 더 많은 것을 알려줬죠. 그들은 연장이 몇 종류 안 되니까 단순 정비밖에 못하거든요.

처음에는 정말 지시가 안 먹혀서 힘들었는데 종업원 대표인 직장장한테 말하니까 바로 처리가 되더라고요. 그래서 그 후부터는 무조건 직장장을 통해서 지시했어요. 시스템의 차이죠. 직접 이야기하면 안 되는 것도 직장장이 이야기하면 돼요. 시간 약속도 잘 지켜지고요. 일의 특성상 폐부품을 회수하는 것도 중요한데, 직장장이 나서면 폐부품 회수도 잘 되고, 분실한 물건도 잘 돌아왔어요.

물건이 없어지는 일도 있었나 봅니다.

부품이 없어지는 일이 많죠. 언젠가 비싼 연장 하나를 분실한 적이 있어요. 북측 사람들 서너 명이 제가 일하는 것을 보고 있었는데, 일 끝난 후에 보니까 연장이 없어진 거예요. "이거 어디 갔어요?" 물어보니까 "우리를 의심하는 겁네까?"라면서 얼굴이 벌게지는 거예요. 모르는 일이라는데, 방법이 없더라고요. 그런데 나중에 그런 일이 또 있었어요. 그때는 물어보지도 않고 바로 직장장한테 말했어요. "내가 정말 아끼는 연장인데 없어졌다"고. 직장장이 "그럼 내가 알아보겠습네다"라고 하더니 다음 날 아침에 보니까 제 책상에 딱 있는 거예요.

직장장을 통하면서부터 업무가 확실히 편해졌어요. 요령이 생긴 거죠. 그런데 이후에는 간부근로자들이 가끔씩 부품을 요청하곤 했어요. 개인적 요청이었지만 개인적 필요는 아닌 것 같았어요.

서로 다른 사회… 하지만 이래서 한 민족인가?

이런저런 요구가 계속 있었을 것 같은데 대처하기가 참 힘드셨겠습니다.

네. 나중에는 저도 담배나 술 같은 것을 달라고 해서 서로 교환했어요. 그런 간부근로자들과는 직접 주고받았어요. 북측 근로자들은 마음에 여유가 있는 건지 성격이 느긋한 건지, 일할 때 절대 서두르지 않아요. 언젠가 자동차 미션 내리는 작업을 일곱 명이 달라붙어서 하는데 두 명만 일을 하고 다섯 명은 얘기만 하는 거예요. 그런 모습을 보고 있으면 속 터지죠. 그런데 혼자 답답해하고 있을 일이 아니더라고요. 직장장한테 이야기하면 바로 해결돼요. 제가 말한 시간 안에 일을 딱 끝내죠. 그들 나름의 질서와 체계를 존중해주고 업무를 정확히만 지시하면 해당 업무는 거의 완벽하게 수행합니다.

남과 북이 다르다는 것을 자주 체감하셨겠네요. 이질감을 크게 느꼈던 적은 없나요?

자본주의와 돈에 대한 생각이 너무 다르죠. 언젠가 "왜 악착같이 돈을 벌려고 합네까?" 물어보더라고요. 그래서 "돈을 벌어야 먹고살 것 아닙니까?" 그랬더니 "우리는 그렇게 안 해도 먹고삽네다" 이러는 거예요. 그래서 "우리는 더 잘살기 위해서 돈을 벌려고 하는 겁니다" 했더니 "이해가 안 됩네다"라고 하더군요. 그래서 저도 "나도 그쪽이 이해가 안 됩니다"라고 했어요. 저는 그쪽 사회주의 개념이 정말 이해가 안 돼요. 그런데 한편으로는, 남한에서는 이렇게 열심히 일하는데도 내 집 한 채 없는데, 북측 사람들은 적어도 그런 걱정은 안 하고 살겠구나 싶기도 하죠. 아무튼 서로 사회제도와 가치관이 다르다는 것은 인정해야 할 것 같아요.

남측의 물질적 풍요에 대해서는 어떻게 인식하는 것 같았나요?

남측이 잘산다는 것을 알고는 있는 것 같아요. 그러니까 자꾸 뭔가를 요구하는 것 아니겠어요? 또 옷이나 차림새를 봐도 남측 사람과 북측 사람은 확실히 차이가 나니까 자기들도 느끼겠죠. 언젠가 이렇게 묻더라고요. "혹시 남측에 있는 차들이 다 개성공단에 들어와 있는 것 아닙네까?" 또 제 차를 보고 "이거 선생 차 맞습네까?" 하기에 "맞다"고 했어요. 그랬더니, "에이, 아닌 것 같은데? 선생 차라는 것을 증명해 보라우" 이러는 거예요. 승용차는 간부들이나 타고 다니는 차, 보통 사람은 탈 수 없는 차라고 생각하니까 그랬겠죠.(웃음)

문화적 차이로 인한 갈등도 있었을 것 같습니다.

있었죠. 그들은 장애인을 '병신'이라고 해요. 제가 오른쪽 새끼손가락이 없는데, 제 손을 보더니 "병신이네" 이러는 거예요. 그 순간, '북한에서는 이렇게 말하는구나. 이게 바로 언어의 차이구나' 싶었어요. 그래서 그들에게 말해줬죠. 남측에서는 '병신'이라 하지 않고 '장애인'이라고 한다고요. 사실은 저도 호칭 문제로 실수를 한 적이 있어요. 나보다 한 살 어린 정비원의 이름을 무심코 불렀다가 다른 사람이 문제를 제기한 적이 있었죠. 거기서는 나이가 어려도 보통 '00선생'이라고 부르거든요. 이름을 부르는 건 하대하는 거죠. 늘 조심하고 긴장해야 했죠. 그래도 실수가 생겨요. 제가 원래 욕을 좀 잘하는데, 그 한 살 어린 친구에게 무심코 욕을 한 적도 있어요. 심한 욕은 아니고 "야, 이 XX야!" 정도였는데, 다른 사람이 그걸 갖고 문제를 제기하더군요.

바로 욕으로 받아들인 거네요?

그렇죠. 하지만 그쪽 사람들도 욕 잘해요. 재미있는 건, 북측이나 남측이나 욕이 똑같더라는 거죠. 그들이 욕하는 걸 들으면서, '정말 우리랑 똑같네! 이래서 한 민족인가?' 싶었다니까요. 특히 '개XX'라는 말은 우리와 똑같이 써요. '인마'라는 말도 하고요. 우리도 그렇듯이, 그들도 친한 사람과 이야기할 때는 편하게 욕을 섞어서 말해요.

그런데 당사자가 아니라 제3자가 문제를 제기했군요. 혹시 남측 사람들로부터 부당한 대우를 받지는 않는지 서로 관찰하는 건가요?

그런 목적도 있겠지만 서로 전체적으로 맞물려 있다고 봐요. 그게 감시로 보이는 것 같기도 하고요. 북측 사람들은 남측 사람들과 함께 있을 때 거의 혼자 있지 않아요. 항상 두 사람 이상이 같이 있어요. 그런 그들을 보면 항상 긴장하고 있는 모습이죠. 남북관계가 여전히 편한 관계가 아니라는 걸 반증하는 것 같아요.

그렇게 서로 긴장하고 있으면 북측 근로자들도 마음에 여유가 없고 풍속도 각박할 것 같네요.

그렇지는 않아요. 그들이 화내거나 싸우는 모습을 본 적이 없어요. 대체로 차분하고 심성도 좋아요. 그리고 다들 머리가 정말 좋은 것 같아요. 기관에 대학을 나온 여성들이 있었는데 기억력이 정말 기가 막혀요. 한 번 본 것은 잊어버리지를 않는 거예요. 참, 남녀차별이 좀 심한데, 그러면서도 여자들이 남자들한테 할 말은 다 하죠. 그리고 농담도 잘하고요. 제가 차 밑에서 일하고 있으면 "거기서 자고 있으면 어떡합네까?" 이런 식이죠.

농담을 주고받을 정도면 가깝게 지내신 거군요. 일부러 노력을 하신 건가요?

그렇죠. 처음에는 서로 많이 경계했지만 나중에는 친하게 지냈어요. 저는 업무 중 쉬는 시간에도 늘 북측 사무실에 가 있었어요. 주말당직 때도 가서 이야기를 많이 했어요. 자동차 이야기, 축구 이야기, 가족 이야기 등 일상적인 이야기를 주로 했죠. 정치나 체제를 떠나서 인간적인 대화를 나눴다고 생각해요. 누군가 저더러 제주도에 가 봤느냐면서,

멋있는 경치 사진 있으면 보여달라고 하더군요. 제주도 풍광이 좋다는 걸 어디에서 들었던 거죠.

북측 주민들은 헐벗고 굶주린다는 편견과 오해

정치 이야기는 금기였겠군요?

정치 이야기는 거의 안 했죠. 북측의 지도자들에 대한 얘기를 함부로 해서는 안되니까요. 제가 들어갔을 때, 정부 차원에서 북측 관계자들과 식사하거나 술자리를 갖지 말라고 지침이 내려온 것 같았어요. 우리 정부 차원에서도 적극적으로 북측 사람들과의 접촉을 차단한 거죠. 그래서 이래저래 눈치들을 많이 봤어요.

북측 근로자들이 통일 이야기는 가끔씩 했어요. 남북이 어서 하나가 돼야 한다고 자주 말했는데, 저는 어떻게 답변해야 될지 몰라서 "네, 통일해야 됩니다" 하고 말았어요. 통일 되면 자기들 집에 놀러오라고 해서, 저도 우리 집에 놀러오라고 대답하는 정도였죠. 잘은 모르겠지만 그들이 통일을 말할 때는 진심과 간절함 같은 것이 느껴졌어요.

그래도 혹시 서로 얼굴을 붉힐 일은 없었나요?

사소한 건데, 이런 일이 있었어요. 사무실 옆에 잣나무가 한 그루 있었는데 잣이 세 덩어리 달렸기에 따먹었죠. 그랬더니 그걸 관리하는 북측 직원이 찾아와서는 누가 따먹었느냐고 따지는 거예요. 자기가 찜해놓은 거라면서요. 그래서 제가 "회사에 있는 나무 열매에 주인이 따로 있습니까" 하고 대꾸하고 말았죠. 그냥 해프닝이었습니다.

'잣나무 이야기'처럼 갈등을 잘 봉합하는 요령이 필요하겠습니다.

　이런 일도 있었어요. 북측 차량의 운전기사가 후진을 하다가 제 차를 들이받았어요. 새 차라 견적이 50만 원은 나왔을 거예요. 북측 간부를 찾아가서 어떻게 할 거냐고 물었죠. 화폐 가치가 달라서 수리비를 돈으로 줄 수 없으니 직접 수리해주겠다고 하더군요. 생각 끝에, 기름으로 달라고 했어요. 그쪽에서도 다른 방법이 없으니까 받아들였고요. 남측에서 북측에 제공하는 연료 쿠폰이 있었는데, 그 쿠폰으로 받았죠. 누군가 북측과 협상해서 받아낸 것 자체가 대단한 일이라고 하더군요. 또 제가 술을 좋아하니까 누군가 "정 선생, 우리 북측에는 산삼주라는 게 있습네다. 그런 술도 한번 먹어봐야 하지 않겠습네까?"라면서 그 술을 준다고 한 적이 있어요. 그 술 언제 줄 거냐고 계속 이야기해서, 개성공단 나올 때 기어코 받아냈지요.

그 정도면 북측 사람들과도 잘 어울리고 성공적으로 적응하신 것 같은데, 왜 2년도 안 되어 그만두셨나요? 불편한 점이라도 있었나요?

　아내가 출산했을 때 못 가본 것 외에는 불편한 점은 별로 없었어요. 근무시간이나 업무량도 많지 않았고, 스트레스 주는 사람도 없었어요. 북측 사람들과의 관계도 내가 마음만 먹으면 충분히 극복할 수 있겠구나 싶었어요. 저는 정말 친하게 지냈거든요. 다만 급여가 기대만큼 많지 않았어요. 당시 이명박 정부 초기라 공공기관 월급이 많이 깎일 때였어요. 개성공단 관리기구 임금이 많이 삭감되었죠. 그리고 아내가 산후우울증이 왔는데, 아내가 힘들어하는 걸 보면서 고민이 되더군요. 그래서 나오게 되었죠.

혹시 조건이 되면 다시 가서 일하시겠어요?

글쎄요. 개성공단은 아무래도 북측이어서 이래저래 말이나 행동에 제약이 많아요. 늘 긴장하면서 생활한다고 할까요. 무엇보다 남북 당국 관계가 대립적 관계로 되면서 개성공단이 비정상화되었는데, 그 속에서 일하는 분들이 대부분 월급 말고는 별도의 자긍심이나 자존감을 느낄 수가 없어요. 개성공단의 성격이 이미 많이 변했죠.

북측의 식량난이 심각하다는 보도가 많이 있었는데, 직접 보니까 정말 헐벗고 굶주린 모습이던가요? 경제적 어려움이 어느 정도인 것 같던가요?

저도 그런 얘기를 많이 듣고 가긴 했는데 가서 보니까 영양 상태는 그렇게 나쁘지 않아 보였어요. 키는 좀 작은 편이지만 못 먹어서 얼굴이 누렇게 뜬 사람도 없었고, 제법 통통한 사람들도 있었어요. 옷차림도 제가 생각했던 1960~70년대 스타일이 아니었고요. 집은 좀 낡고 허술해 보이긴 했지만 그렇게 헐벗고 굶주리는 모습은 아니었어요.

한번은 북측 간부근로자가 '디지털카메라'로 가족사진 찍은 걸 보여줘서 깜짝 놀랐어요. 그 사람은 체격도 통통했어요. 아참, 휴대폰도 갖고 있어요. 2G폰 정도 되던데, 실제 통화하는 건 못 봤어요. 공단 안에서는 통화가 안 되지만 공단 밖에서는 된다고 하더라고요. 사실인지 확인할 수는 없었고요.

개성에 대해 주변에서 어떤 것들을 궁금해 하던가요?

진짜 굶주리고 있느냐고 많이들 물어봐요. 사실 우리나라 사람들 중에서 언론보도를 100% 믿는 사람이 얼마나 되겠어요? 북측 분위기는 우리가 상상하는 것과 좀 달라요. 개성공단에는 북측이 운영하는 '평양식당'이나 '봉동관'이라는 음식점이 있는데, 더덕요리와 대동강맥주 등 북한 음식이 나와요. 거기 근무하는 여성 봉사원들이 참 인상적이었어요. 일단 공연 솜씨가 뛰어나요. 공연은 주로 노래하고 춤추는 건데, 매우 수준급이었죠. 여성 봉사원들은 대부분 천박하지 않고 지성미가 있었어요. 경우와 예의도 바르고 품격이 있었어요. 손님들이 짓궂은 농담을 해도 잘 받아넘겨요. 무엇보다 자기 일에 대해 자부심을 갖고 있다는 게 느껴지더군요.

그렇게 북측 주민들을 직접 접하면서 동포애 같은 것을 느낀 적이 있나요?

글쎄요, 제가 나이도 어리고 오래 근무하지 않아서 그런지, 잘 모르겠더라고요. 연세 있는 분들이나 개성에서 오래 근무한 분들은 느끼는 게 또 다를 거예요. 그래도 이런 점은 있었어요. 강원도가 남과 북에 다 있잖아요. 제가 강원도 양구에서 살았다고 하니까, 양구가 혹시 화천 옆에 있는 곳 아니냐면서 자기네도 강원도가 있어서 잘 안다고 하더군요. 우리 지리를 잘 알고 이야기가 바로 통하니까 친밀감 같은 것이 있었죠.

북한 주민들은 우리의 적이 아니다

북한에 근무하기 전과 비교해 북한에 대한 인식이 달라진 점이 있나요?

옛날에는 언론에 나오는 대로 북한을 적대시했어요. 그런데 공단에 갔다 오니까 '그건 아니구나' 싶더군요. 북한 주민들이 우리의 적은 아니라는 생각이 들었어요. 북측 사람들 전체를 적으로 보는 것은 잘못인 거죠. 남한에서 몇몇 사람들이 그렇게 잘못 이끌어가니까 일반 국민들도 덩달아 그렇게 인식하는 게 문제라고 봐요.

주변 사람들이 개성 다녀온 소감을 한 번씩 물어봐요. 저는 있는 그대로 이야기합니다. 사람 사는 건 똑같다고, 북측 주민들은 적이 아니라고요. 개성공단에 대한 잘못된 시선을 바로 잡는 홍보대사 역할을 하는 셈이죠.

개인 사정으로 그만두셨지만, 공단을 떠나올 때 아쉬움이 컸을 것 같습니다.

맞아요. 홀가분하면서도 아쉬웠어요. 저는 솔직히 남북관계에 대해 잘 몰랐고 깊이 생각해본 적도 없어요. 뉴스에서 나오는 이야기만 알고 살았죠. 그런데 거기 있으면서, '개성공단은 정말 중단되면 안 되겠다, 누군가 희생하더라도 계속되어야 한다'고 생각하게 되었죠.

왜 그렇게 생각하셨나요?

갑자기 통일이 되면 문화적 충돌이 일어나겠더라고요. 개성공단 같은 곳이 더 많이 생겨나서 교류가 더 이루어져야 나중에 통일이 될 때

수월해질 것 같아요. 지금은 사고방식이나 문화의 차이가 너무 크거든요. 학교 다닐 때 교육을 많이 받아서 통일의 필요성에 대해서는 알고 있는데 통일의 방법에 대해서는 별로 생각해본 적이 없었어요. 그런데 공단에 갔다 온 후 확실히 느낀 것이, '이런 방법으로 통일이 되어야 충돌이 없겠구나' 하는 거예요. 통일에 대해 부정적인 사람들도 있지만, 저는 통일이 되어야 우리나라가 더 발전할 거라고 봐요. 통일의 의미와 과정에 대해 제대로 가르치지 않는 것이 문제라고 생각해요.

근무 끝나고 개성에 몇 번 더 가셨다고 들었습니다.

네, 공단에 있는 소방차량(화재진압차량 6대) 정밀점검하러 갔었어요. 공단 나온 뒤 2년 만에 갔는데 다시 보니까 참 반갑더군요. 북측 사람들도 제 얼굴이며 이름이며 다 기억하면서 반가워했고요. 서로 안부 물어보고 농담 주고받고 그랬죠. 2013년 가을에도 갔는데, 1년 전에 비해 더 좋아졌더라고요. 한 해 한 해 갈수록 그쪽 사람들의 얼굴이 좋아지고 세련되어지는 게 눈에 보여요. 갈수록 얼굴이 편안해진다고 할까요? 해마다 그런 변화가 느껴지니까 저도 기분이 좋았어요. 앞으로도 계속 그들을 그렇게 만날 수 있었으면 좋겠어요.

[취재 그 후…]

　졸업 후 자동차 정비만 해왔다는 정 씨는 30대의 가장이다. 북에 대해 과한 애정도 없고 민족애가 끓어 넘치지도 않는, 주변에서 흔히 볼 수 있는 평범한 시민이다. 하지만 그는 개성공단 근무를 통해 이제껏 언론보도로 알고 있던 것이 전부가 아니라는 것을, 언론이 꼭 사실만을 말하는 것은 아니라는 것을 깨닫게 된 듯했다. 그러면서 이제라도 북한 주민들에 대한 적대적 시선을 거둬야 한다고 힘주어 말했다. 그의 눈에 비친 북한 주민들은 시간 나면 동료들과 운동하고, 짓궂은 농담을 좋아하고, 아이들 크는 모습에 흐뭇해하며, 멋진 경치에 마음을 빼앗기는, 지극히 평범한 '보통 사람들'이었던 것이다.

Part 3

|

개성공단 가는 길,
통일로 가는 길

|

1. 취재기자 대담

통일로 가는 징검다리에
돌 하나 놓는 심정으로…

2015년 4월 15일. '세월호 참사' 1주기를 하루 앞둔 저녁, '개성공단 사람들'을 인터뷰했던 작가들이 광화문 인근의 한 술집에 모였다. 원고에는 차마 쓰지 못했던, 혹은 쓰지 않았던 뒷이야기들을 나누기 위해서였다.

'개성공단'의 특수한 상황은 남과 북의 '관리자'들만이 아니라 평범하게 살아가는 '직장인'들의 입마저도 자기검열을 하지 않을 수 없도록 만들었다. 그냥 들어보면 재미있는 '직장 이야기'인데, '개성공단'이라는 무대를 뒤에 펼치고 보면 긴장의 끈을 놓을 수 없는 남북의 대립과 긴장이 드러나게 된다. 그래서 면담자들은 스스로 몇 차례씩 점검, 또 점검하면서 입을 열었다. 하지만 그렇게 조심스러운 인터뷰조차도 모두 원고로 옮길 수가 없었다.

대담이 열린 다음 날은 비가 예고되었다. 인근의 광화문은 세월호 유가족의 천막과 형광색 띠를 두른 경찰관들, 일인 시위를 하는 사람들로 북적였다. 작가들은 각자의 방식으로 분향과 헌화를 마치고 대담 장소에 모였다. 광화문 광장의 분위기처럼 무겁고 차가운 바람이 심하게 불었던 그 밤, 《개성공단 사람들》에 참여한 작가들의 대담은 시작되었다.

(이하 글에서는 사회자는 '사회', 강승환 작가는 '강', 이용구 작가는 '이', 김세라 작가는 '김'으로 표기한다.)

사회_ 우선 작가들이 처음 생각했던 《개성공단 사람들》의 기획의도를 다시 정리해보았으면 합니다. 어떤 마음가짐으로 이 작업에 참여하셨나요? 또 처음에 생각했던 혹은 들었던 기획의도에 비춰볼 때 작업이 일단락된 지금 생각은 어떻게 변화되었는지 궁금합니다.

김_ 제가 이 작업에 참여할 당시에는 이런 성격의 책이 나온 적이 없었고, 그래서 나름대로 여러 기대를 했습니다. 크게 보면 남과 북의 '접점'이 되는 지역에서 근무하는 사람들의 이야기를 전달해주는 것이 곧 통일로 가는 징검다리에 돌 하나 얹어주는 작업이 아닐까 하는 생각이었습니다. 그런데, 어떤 분과 인터뷰를 하다 보니 제 생각과 크게 어긋나 당황스러웠어요. 호탕하고 재밌는 이야기들을 풀어내시던 분이 이야기 끝에 '저는 통일을 원하지 않아요' 했던 순간이었죠. 통일이 되면 북측보다는 남측 사람들이 더 많이 희생해야 하고, 경제적으로도 더 많이 부담해야 한다는 것을 실감했기 때문이라는 겁니다.

그분뿐만 아니라 다른 분도 비슷했습니다. 사실 제가 만난 면담자 중

3분의 2 정도는 통일 자체를 부정하거나, 거부까지는 아니어도 통일로 인한 피해나 희생에 대한 거부감이 아주 컸습니다. "나 죽은 다음에 통일이 되었으면 한다"는 마음을 드러내시기도 하고요.

사회_ 통일의 징검다리에 돌 하나라도 얹어놓고 싶었는데, 실제로 만나보니까 오히려 통일을 원하지 않는 사람들이 더 많아서 당혹스러웠다는 거죠?

김_ 제가 너무 이상주의적으로 접근했나 하고 고민이 되더군요. 이런 분들의 관점에 대해선 별도로 고민해야 할 여지가 있을 것 같습니다.

이_ 저는 통일이 완성될 것을 전제로, 현재 불완전한 점이지대 또는 완충적 지대로서의 개성공단에 대한 생생한 기록이 필요하다고 생각했습니다. 개성공단에 근무하는 사람들은 각자가 처한 입장에 따라 통일 문제 같은 거대 담론부터 문화적 차이에 대한 갈등과 같은 개별적인 고민들까지 많은 이야기를 했습니다. 모든 사람의 관점이 동일할 수는 없습니다. 각자의 입장에서 통일에 대한 견해나 방법을 피력했지만 거기에 대한 평가는 후대의 몫이라는 거죠.

사회_ 현재 시점에서 충실한 기록도 필요하다는 거네요. 일정 정도 시간이 지난 뒤, 개성공단에 대한 이야기들은 '당시 그곳에서 일했던 사람들의 회상'으로밖에 알려질 수 없는 거니까요.

이_ 남북이 대치하고 있는 분단 상황에서 개성공단에 근무하던 사람들의 경험을 통해 북한이나 통일에 대한 입장 내지 관점이 어떻게 변했는지, 그 과정의 기록이 되었으면 합니다.

김_ 어떤 상황에서는 개성공단에 대한 심화된 내용의 책이 2차, 3차 후속작의 형식으로 발간될 필요성이 있을 것 같습니다.

이_ 그런데, 이번 책이 직접적인 기록이 아니라는 한계도 있습니다. 북측에 대한 간접적인 청취인 거죠. 그리고 신은미 씨의 북한 방문기 사태에서도 볼 수 있듯이 개인들의 행동이나 관점이 갖는 사회적 한계도 분명 있습니다.

김_ 면담자들이 대부분 익명을 요구한 이유도 바로 그런 점 때문입니다. 혹여 불이익이 생길지도 모른다는 불안감이 엄연히 있습니다. 거짓말을 하는 게 아님에도 '진실이 통하지 않더라' 하는 실체적 경험이 있고, 그래서 불편해질 수 있다는 것이 우리 사회의 분위기이기도 합니다.

이_ 우리는 북측 사회에 대한 이야기 자체가 터부시되는 사회에 살고 있어요. 우리가 만난 면담자들은 생계를 위해 개성공단에 근무하는 혹은 했던 사람들입니다. 따라서 만약에 있을지 모를 불이익을 경계할 수밖에 없습니다.

김_ 그래서 개인적으로 인터뷰에 응하신 분들의 용기에 감사를 드리며, 한편으로 미안한 느낌이 들기도 해요. 이런 미안한 감정이 근거 없는 것으로 판명나길 바랍니다.

강_ 처음에 저는 개성공단에 있는 사람들은 뭘 하고 놀까 하는 점이 궁금했습니다. 여가를 보내는 과정이 결국은 문화생활의 일부분이니까요. 그런데 점심시간에는 오직 배구만 한다는 얘기를 듣고 충격을 받았죠. 각 공장마다 밴드가 있어서 따로 경연대회를 한다는 점, 여가시간에도 노래자랑이나 연극처럼 전체가 참가하는 마당을 만든다는 것으로부터 집단주의적 문화생활을 하고 있구나 하고 판단했습니다. 음담패설을 즐긴다는 것도 놀라웠고요. 면담자 중 한 분은 "작가님, 이 책보다 음담패설집을 만들면 더 잘 팔릴 겁니다" 하고 제안했는데, 정말 멋진 기획이 될지도 모르겠습니다.

일동_ 동의합니다. 진짜 대박감입니다.(웃음)

강_ 저는 이 책의 방향이 통일론이 되어서는 안 된다고 봅니다. 제가 인터뷰한 분들의 의견을 전하자면, 대한민국 언론을 믿지 못하겠다는 분이 대부분입니다. "거창한 통일론이 뭐 필요해요? 개성공단 몇 개만 더 있으면 저절로 통일이 될 텐데"라는 분위기였어요.

'우리'와 '그들'이 느끼는 개성공단의 필요성

사회_ 이제 좀 더 미시적으로 접근해보죠. 즉 '그들이 느끼는 개성공단의 필요성'입니다. 개성공단 현장에서 일하는 사람들이 볼 때, 개별 회사 차원이건 남북 경제협력의 차원이건 경제적인 면에서 그들이 보는 개성공단의 의미가 어떤 것인지 이야기를 풀어볼까요?

강_ 근무 연차가 긴 사람들이나 법인장들은 대부분 개성공단이 지속되어야 한다고 말합니다. 인건비가 상대적으로 쌀 뿐만 아니라 물류비가 '어마어마하게' 절감되기 때문이죠. 근로자 부족이 문제인데 남북대화를 통해 이를 정치적으로 풀어야 하는 과정이 남아있습니다. 개성공단에 근무하는 북측 근로자의 수가 현재 5만 3,000명인데, 이 숫자는 개성시와 인근 군에서 동원 가능한 인원을 최대한 모은 것이라고 합니다.

사회_ 기업들의 입장은 경제적으로 개성공단이 큰 도움이 된다는 거네요. 하지만 정치적인 제약 때문에 더 이상 인원을 늘릴 수가 없어서 성장이 안 되는 상황이라는 거죠?

강_ 제가 인터뷰한 회사의 경우, 1,200명 정도의 근로자가 필요한데 실제 배정받은 인원은 800명밖에 안 된다고 합니다. 북측에 증원을 요청했지만 집단적으로 대규모 인원을 이주시켜야 하기 때문에 기숙사를 짓지 않고서는 해결할 수 없다고 합니다. 기숙사 건설은 남북이 2007년에 합의했는데 이명박 정부 이후 우리 정부가 합의를 지키지 않고 있는 거고요.

사회_ 결국 남측에서 5.24조치 등의 빗장을 풀어야 문제가 해결될 텐데…. 개성공단 입주업체들이 주로 국내 대기업의 하청업체들이라는 것도 한계인 것 같아요. 그럼에도 불구하고 개성공단이 폐쇄되어서는 안 된다는 공감대는 있습니다.

강_ 주로 임가공업체이거나 사람의 손이 많이 가는 노동집약산업 내지 대기업 하청업체들이 많이 진출해 있죠.

김_ 하지만 그분들은 어떤 믿음이 있어요. 5.24조치처럼 최악의 경우라도 일시적 폐쇄에 불과할 것이라는 거죠. 심지어 연평도 포격사건 같은 극한적 대치상황에도 오히려 공단이 더 안전하다는 믿음도 있습니다. 밖에서 보는 것과 같은 불안감은 크지 않다고 합니다.

사회_ 흔들리는 경우는 있어도 극단적인 경우는 없다는 믿음이 남측 주재원이나 북측 근로자들 사이에는 있다는 거군요. 아마도 그 믿음은 직접 북측 사람들을 오랫동안 대면해 오면서 그들에 대해 가지게 되는 개성공단 주재원들만의 독특한 경험적 인식일 것 같아요.

김_ 한마디로 지지고 볶고 해도 개성공단이 매개체가 되어서 앞으로 남북경제협력이 잘 될 거라는 믿음인 거죠.

이_ 오히려 대부분 남측 주재원들은 개성공단과 같은 남북경제협력 지역을 늘려야 한다는 생각들입니다. 단순한 경제논리로만 접근하면 남측의 자본과 북측의 노동이 공동의 이익을 만드는 것이죠. 그런데 이 것을 경제 외적인 논리로 바라보는 시각들도 엄연히 있어요.

김_ 최근에 들은 바에 따르면 일본의 소니가 북측에 진출해 있다는 이야기가 있어요. 나진, 선봉지구인가에 있다는데, 이런 곳엔 삼성이나 엘지 같은 우리나라 업체가 들어가야 하는 것 아닌가요? 일본이나 중 국의 거대 기업이 북측에 진출하고 있다는 이야기를 들으면, 왜 그런 자리에 한국 업체들이 진출하지 못하는가 하는 아쉬움이 있습니다.

사회_ 북측의 경제적 이권들을 다른 나라에 뺏기고 있는 것 같아 아 쉽습니다. 남과 북이 힘을 합쳐도 모자랄 판에 엉뚱한 나라들이 야금 야금 먹고 있는 것 같아요.

강_ 대북제재 때문에 다치고 손해 보는 사람들은 남측 기업들과 북 측 근로자들입니다. 개성공단을 발전적으로 이용한다면 통일 과정이 단축될 수 있을 텐데, 지금은 오히려 비정상적 상태가 심화되고 있으 니까요.

김_ 우리 언론에서 보여주는 '북한'은 김정은 제1위원장의 동정밖에 없는 것 같습니다. 평범한 북측 사람들도 인간적인 욕구를 가지고 있고, 그것을 영위하기 위해 살아가고 있다는 점들이 보이지 않는다는 거죠. 최근 대안언론 등의 일부 보도를 보면 그들도 휴대전화를 쓰고 있고, 애들 교육에 열을 올리는 등 우리와 크게 다르지 않아요. 물론 경제적으로 단순 비교를 해보면 북측 주민들의 경제적 수준은 우리보다 많이 어렵지만 말이에요.

이_ 북측 권력자의 주변만 보여주면서 대립적이거나 냉소적인 시각을 조장하는 보도가 특히 종편을 중심으로 심한 듯합니다.

강_ 남측 직원들이 빵이나 사탕을 주면 북측 사람들은 인정이 있어서 반드시 답례를 하는데, 처음엔 옥수수 같은 농산물이었다가 최근에는 사과나 사탕 또는 공산품 종류로 바뀌고 있답니다. 그만큼 북측 근로자들의 생활수준이 높아지고 있다는 반증인 거죠.

사회_ 여담이지만 이렇게 중요한 남북문제를 관장하는 통일부장관은 아무나 와도 되는 자리라고 류길재 전 장관이 말했다죠?

최근 사석에서 류길재 장관은 "솔직히 통일부 장관은 아무나 와도 되는 자리 같다"며 "장관직을 떠나면 (통일부의 구조적인 한계 등) 이런 부분에 대해 글을 써보려고 한다"고 말했다고 '한국일보'가 2월 26일 보도했다. '한국일보'에 따르면, 류 장관은 통일부의 위상과 역할에 대해 근본적인 재정립이 필요하다는 입장을 밝히면서 "역대 정부를 보더라도 통일부 위상이 높았던 때가 없었다. 그나마 통일부에 힘을 실어줬던 참여정부에서도 2차 남북정상회담은 국정원이 주도했고, 통일부는 주로 대외적으로 나서는 것 위주로 맡았다"며 이같이 말했다.

이_ 통일부에서 주도적으로 남북관계에 대처한다기보다는, 대북 강경라인에서 남북문제를 조율한다는 인상이 있습니다. 군사적인 시각에서 보자면 남북경협이란 것 자체가 성립하지 않습니다. 그런 면에서, 통일부장관이라는 자리가 자기 목소리를 내기가 어려울 수도 있죠.

강_ 5.24조치의 영향이 아직도 현장에는 깊게 남아 있습니다. 요즘은 개성공단 인력 모집 공고를 내면 지원자가 없답니다. 아무리 일자리가 없어도 남과 북이 만나는 그런 곳에는 지원하지 않는다는 거죠.

이_ 남북문제를 순수하게 기업들 사이의 경제협력 문제로만 보면 얼마든지 해결될 수 있습니다. 자본이 필요한 북측과 노동이 필요한 남측의 문제로 접근하면 되니까요. 임금 문제만 해도 사실은 맨 처음 시작할 때 북한에서 통 크게 양보했다고 들었습니다. 남측에서 초기 임금을 일인당 75달러로 제시했지만 북측에서 오히려 "그러면 진출기업에 이점이 없으니 대폭 양보해서 50달러부터 시작합시다" 했다고 들었습니다.

강_ 김진향 교수의 말에 따르면 최초 개성공단을 만들 때 기본임금 수준은 200~300달러 내외에서 협상을 진행했대요. 그러다 김정일 국방위원장이 전격적으로 50달러로 할 것을 지시해서 그렇게 결정했다는 거예요. 북측이 개성공단을 돈줄이나 외화벌이 정도로 생각했다면 있을 수 없는 논리죠.

'질시'와 '자존심' 사이에서…

사회_ 이제 주제를 바꿔보죠. 남북의 격차는 현실적으로 존재하고 있는데, 면담자들은 그런 격차가 많이 해소되었다고 느끼는지 아니면 여전히 거리감을 가지고 있는지 궁금하네요.

이_ 북측 사람들은 남측에 대한 질시 감정이 있다고 합니다. 남측이 잘살고 있다는 것은 이미 알고 있지만 '자존심' 때문에 대놓고 인정하지 않는다는 겁니다. 대신 자신들은 자신들의 길을 간다는 것을 강조하고, 남한 사회의 부정적인 보도내용 - 예를 들자면 토막살인사건 - 을 통해 자신들의 도덕적 우월감을 드러내는 발언을 한다고도 들었습니다.

이_ 그런 것을 비교우위라고 하나요? 어떤 국가나 민족, 심지어 개인조차 장단점이 있는데 그런 사실을 인정하면 객관적인 평가가 가능하지 않을까 생각합니다. 물론 남북 간 군사적 대립이 엄연히 남아있는 조건에서는 이상적인 생각이겠지만요.

강_ "개인주의와 집단주의, 그걸 이해하는 데 5년이 걸렸다"는 분의 이야기가 떠오릅니다. 그것을 이해하지 못하면 공단에서 버티지 못한다는 말도 하시더군요. 그분의 말에 따르면, 요즘은 CIQ(입출경대기소)를 통과하는 게 많이 자연스러워졌다고 합니다. '관계'에는 상호작용이 있어서, 남측 직원이 자연스러워지는 과정에 시간이 필요하듯이 북측 근로자들 역시 자연스러워지는 데 그만큼의 시간이 필요한 법이죠.

김_ 우리는 북측 근로자들의 성형수술 이야기에도 놀라고, 그들이 즐긴다는 19금 농담도 놀랍게 여깁니다. 전쟁준비를 즐기는 전사의 모습만 상상했을 뿐, 우리와 마찬가지로 살아있는 인간이라는 걸 미처 느끼지 못했기 때문이죠. 면담자에게 혹시라도 체제를 떠나 교류나 교감을 느끼는 사람이 있었는지 물었을 때, 그런 사람들이 분명히 있었다고 대답합니다. 그런 교류가 가능하다면, 따뜻한 피가 흐르는 인간들끼리 통하지 못할 일이 없을 거라는 생각을 해봤습니다. 우리가 내는 책도 그런 일을 널리 알리는 데 힘이 됐으면 합니다.

이_ 사람들의 외국 여행기를 보면 선진국에 가서는 주로 새로운 문물에 대한 감탄 위주이고, 후진국에 갔을 때는 이해할 수 없는 일이 너무나 많다는 식의 반응이 주가 되더군요. 문화적 차이는 '다름'이지 틀림이 아닌데, 너무 우리 관점에서 북한을 재단하려는 경향이 있지는 않은지 저 역시 반성하게 됩니다.

강_ 정치권이나 언론에서는 주로 GDP(국민총생산량)나 군사력을 위주로 국가의 순위를 정하곤 하는데, 그런 정량적 분석을 통해서는 행복의 순위를 정할 수 없다고 봐요. 물론 지표는 되겠지만 물질적으로 더 풍요하다고 해서 꼭 더 행복하다고 할 수는 없겠죠.

이_ 부탄 같은 나라에서는 그래서 GDP 대신 GHQ(국가행복지수) 같은 새로운 지표를 제시하기도 했죠.

사회_ 우리가 알다시피 부탄이란 나라의 GDP가 북측보다 높지 않아요. 통계상의 지표로만 보자면 부탄보다 북측이 더 행복한 나라가 되어야 하는데 현실이 그렇지 못해서 안타깝습니다.

이_ 두 개의 서로 다른 문화가 접촉하는 과정이 급격하면 격변 내지 변동이겠지만 서서히 진행된다면 개혁이고 혁신입니다. 남북관계에서 그런 역할을 하는 곳이 개성공단인 셈이죠. 그런 공단을 통해 소통의 틈이 점점 더 넓어져야 합니다. 집단이든 개인이든 잘못된 틀은 상대성의 관점에서 깨져야 하지 않을까요?

강_ 언론이나 개성공단 기업 관계자의 눈을 통해서가 아니라 북측 사람들의 생활양식과 가치관, 사고체계, 삶의 방식을 알고 봐야 한다는 생각이 들었습니다.

김_ 인터뷰를 하다 보니 자연히 북측이나 통일 문제에 대해 많은 관심을 가지게 되더군요. 중요한 건, 저한테까지는 변화가 왔지만 이것을 주변으로 퍼트리는 과정은 생각보다 쉽지 않다는 거죠.

이_ 개성공단 폐쇄조치를 겪었던 분이 개성공단에 대한 옹호글을 올렸다가 엄청난 반대 댓글에 결국 포기했다고 하더군요. 우리 사회에는 '북'이라고 하면 무조건 적대시하고 몰아붙이는 반북 정서가 심한 것 같습니다. 어떤 분은 이런 현상을 '북맹'이라고 하더군요.

강_ 저는 노벨평화상을 고 정주영 회장이 받아야 했던 게 아닌가 하는 생각이 들어요. 남과 북이 말로만 통일을 이야기할 때, 구체적인 해법을 제시하고 발 벗고 뛰었잖아요. 직접 소를 몰고 방북도 했고, 북측의 김정일 위원장과 마주앉아 '금강산 관광'과 같은 굵직한 일도 했습니다. 지금의 개성공단도 결국은 정주영 회장의 작품이라고 생각합니다.

미약하지만 개성공단 근무자들에게 힘이 되는 책

사회_ 지금까지의 이야기를 정리하면서 마무리 발언을 한 마디씩 해 주셨으면 합니다. 이 책이 우리 사회에 어떤 영향을 미쳤으면 좋겠다 또는 이 책이 이런 역할을 했으면 한다는 바람도 같이 이야기하면 좋겠습니다.

　이_ 저는 이번 책의 출간이 '남과 북 사이의 틈새를 깨고, 편견을 깨고, 사실을 기록하는 역할'을 충실하게 했으면 하는 바람입니다. 남북이 대치하면서 무력으로 경쟁하고 대결하는 상황이 오늘날까지 매우 엄중하게 이어지고 있습니다. 이 책이 이런 차가운 대립을 깨뜨리는 희망의 씨앗이 되고, 열매를 맺을 수 있었으면 좋겠습니다.

　강_ 저는 이 책이 개성공단에 진출하고자 하는 기업인들뿐만 아니라 남북 간 경제협력의 새로운 모델을 만들어 나가는 단초가 되었으면 합니다. 지금까지는 단순한 임가공이나 기초산업 위주의 진출에 국한되었다면 제3국에 생산라인을 만들고 싶어하는 국내의 모든 기업들에게 개성공단이 이렇게 좋은 조건을 가지고 있다는 것을 알려주고, 투자를 유인하는 역할을 했으면 합니다. 이에 더해 다음 세대를 책임질 젊은 이들이 많이 읽고 통일에 대한 구체적인 그림을 그렸으면 좋겠습니다.

　김_ 개성공단에서 일하는 분을 제외하면, 개성공단에 대해 알고 있는 사람은 극소수라고 봅니다. 그렇다 보니 대다수 국민들에게는 개성공단에서 일어나는 일이 현실로 와 닿지 않는 것 같습니다. "네 시작은 미약하나 끝은 창대하리라"라는 성경 말씀처럼 개성공단뿐 아니라 남북 간의 경제협력을 다루는 후속작이 계속 나왔으면 합니다. 또한 이 책이 미약하지만 남북 교류의 창구이자 희망이 되는 개성공단 근무자들에게 조그만 힘이 되길 바랍니다.

　사회_ 이 책의 기획과정부터 오늘 이 책의 마무리 단계로 제안된 작가 대담까지, 근 2년이 걸렸습니다. 그 속도는 마치 오늘날의 남북관계

진행 속도와도 같습니다. 느리게 진행되어 왔지만 마침내 이 책이 마무리되었듯이, 남과 북의 관계 개선도 언젠가는 결실을 맺으리라 믿습니다. 아무쪼록 이 책이 통일에 이르기까지의 과정에서 작지만 의미 있는 역할을 했으면 합니다. 작가 여러분, 긴 시간 수고 많았습니다.

　일동_ 고생들 하셨습니다. 모두 감사합니다.

2. 개성에서 온 편지 —————————————

다름을 다름으로
　받아들이는 그날까지

– 글 김진향

2010년 2월 26일
택시기사의 오해, '간첩 아냐?'

서울의 통일부로 회의를 하러 가는 출장길. 개성공단에서 북측 CIQ(출입국사무소)를 지나 MDL(군사분계선)과 DMZ(비무장지대) 위로 시원스레 뚫린 도로를 지나 우리 측 통문을 넘었다.

급한 일정으로 일산에서 택시를 탔다. 서울로 들어가는 자유로, 서울 시내를 동에서 서로 가로질러 흐르다 김포와 일산 부근에서 다시 북쪽으로 흐르는 한강을 보다가 불현듯 확인할 일이 있어 휴대폰으로 북측 개성공단의 관리위원회로 전화를 했다.

신호음이 간다. '뚜우~ 뚜우~.' 딱 두 번 만에 북측 여직원 ㅇㅇ이가 전화를 받는다. 늘 그런 것처럼 상냥한 북측 여성의 콧소리 섞인 말투로 "네에~ 관리위원회입메다아~"라고 응답한다.

"아! oo 동무. 나 김 부장인데 ㅇ 과장 좀 바꿔줘."

"네~ 부장 선생님, 잠시만 기다리시라요."

잠시 후 ㅇ 과장이 받는다.

"네! ㅇ 과장입니다."

"아~ ㅇ 과장님….."

한참 동안 통화를 하고 전화를 끊고 보니 뭔가 이상한 분위기를 느낀다. 아니나 다를까, 택시 기사가 이상하게 나를 자꾸 힐끗힐끗 쳐다본다. 장난삼아 내가 먼저 이야기한다.

(심각한 얼굴로) "기사님, 맞아요. 저 북에서 온 사람입니다."

"네에~!" 기사는 믿을 수 없다는 듯 화들짝 놀란 눈으로 룸미러를 쳐다본다.

"저 북에서 온 사람이라고요. 북에다 세금 내는, 북에서 내려온 사람."

(엄청 겁먹은 눈치로) "그게… 그게 무슨 말이신지…. 농담이시겠죠? 헤헤."

"아니, 정말 북에서 내려온 사람 맞는데…. 저 개성공단에 있는 사람입니다. 방금 개성공단 사무실 직원하고 통화한 거예요. 개성공단 말이에요!"

"아, 개성공단요? 이곳에서도 북측에 바로 전화가 되나 보죠? 참 정말 놀랐네. 간첩신고를 해야 되나… 택시를 세워야 되나… 별 생각을 다 했는데…"

그제야 기사는 무슨 큰 구세주라도 만난 사람처럼 환하게 웃으며 나를 바라본다.

"하하하 미안해요. 개성공단에서 남측 북측 사람들이 섞인 채 오래 생활하다 보니 서로 말투들이 비슷해지고 닮아가요. 부지불식간에 '동무'란 말을 써서 죄송합니다. 하하하."

"네, 깜짝 놀랐어요. 정말 간첩 태운 줄 알았어요. 아이고… 십년감수했네."

남측에 내려오면 그처럼 개성공단에서의 일상을 털기 위해 살짝 긴장해야 한다. 또 개성공단에 들어가면 남측의 기준이나 가치관, 사고방식을 일반화하지 않기 위해 또 긴장해야 한다. 남과 북이 그처럼 서로 다름이 많다. 그 다름들은 결국 관용과 포용, 나눔과 배려 속에서 함께 존중되어져야 한다. 다름과 차이의 아름다운 공존! 택시 차창 밖으로, 간단치 않은 심란한 마음들이 북으로 흐르는 한강줄기 너머에 걸려 있었다.

2008년 3월 17일
2008년 3월 개성공단 마인옥!

아마도 해맑은 웃음으로 어머니, 아버지에게 인사하고 동생들에게도 손 흔들어주며 새벽길을 나섰을 것이다. 3월 초입의, 아직은 차가운 새벽바람을 가르며 멀리 개성시 서남쪽 용수산 언덕을 넘어 한달음에 내달릴 수 있는 거리의 희망의 일터로, 인옥이는 새벽녘 봄볕이 힘들게 움터오는 개성공단으로 향했을 것이다.

꿈 많은 20대, 한 달 월급 52.5달러. 사회문화시책금 30%를 공제하면 36.75달러. 그 돈으로도 충분히 가족 모두 행복할 수 있기에 20대의 꽃다운 청춘을 하염없이 돌아가는 컨베이어 벨트에 기쁘게 실을 수 있었다.

남측에서 들여온 오래된 45인승 중고버스, 새벽 찬바람을 피할 요량으로 100여 명이 구겨져 들어간 콩나물시루 같은 출근버스에서도 그나마 모두가 함께 구겨져 있기에 행복에 겨웠다.

월요일 출근길. 여느 때보다 많은 사람들이 타고, 출근시간은 늦어진다. 사람들이 빽빽하게 들이찬 숨 막히는 비좁은 공간을 탈출하듯 빠져나와 늦어버린 출근길을 감할 요량으로 버스에서 내리자마자 앞뒤도 돌아보지 않고 급한 마음에 그렇게 도로 중간으로 냅다 달렸을 것이다.

몇 발자국을 옮겼을까? 갑작스레 나타난 또 다른 출근버스가 집채만한 바위산이 되어 인옥이의 몸을 허공으로 날려버리고, 영혼과 육신은

흩어져 사방으로 날았다. 꽃다운 20대의 청춘의 꿈은 산산이, 그렇게 흔적도 없이 '뇌좌상 두개골 골절'로 날아가 버렸다. 개성공단에 취직해 그렇게 행복해했다던, 꽃같이 고왔던 인옥이는 결혼하기로 했던 슬픈 남자친구를 눈물로 남겨두고 그렇게 스물여덟의 슬픈 인생을 마쳤다.

2008년 4월 15일
개성공단의 4.15 태양절 아침

북측 최대의 명절, 4.15 태양절 아침. 새벽공기를 가르며 개성공단 100만 평의 경계인 연초록 펜스를 길동무 삼아 공단 전체를 한 바퀴 돌아본다. 희뿌연 아침 안개 사이로 손을 뻗으면 닿을 듯 지척의 거리에 인공기 높이 솟은 기정리 마을이 어슴푸레 들어온다. 공단에 인접한 마을마다 이른 아침의 부산함들이 보이고, 새벽닭 홰치는 소리와 동네 개들의 컹컹 짖는 소리가 남이나 북이나 누구에게나 있는 어릴 적 내 고향을 꼭 닮은 것 같다.

공단 밖 경비병 초소에는 차가운 새벽을 고단한 몸으로 달렸음직한 인민군 초병의 초췌한 얼굴이 멍하니 낯선 이를 바라보고, 찰나의 긴장감을 발동시킨 이방인의 이른 새벽 산보가 괜스레 미안해 가벼운 목례를 전하며 겸연쩍게 지나간다. 어디서부터 따라왔을까? 이른 아침부터 노고지리 한 마리가 하늘 위를 날며 혼자 걷는 아침 산보를 심심치 않게 한다.

얼마나 걸었을까. 공단과 인접해 있는 북측 학교의 건물 안으로부터 학생들의 노랫소리가 들려온다. 4.15 태양절 행사 준비에 한창인 모양이다. 학교 건물 현관 입구에 강렬한 이미지의 붉은색 글씨가 또렷하게 씌어져 있다.

"조선을 위하여 배우자!"

잠시 걸음을 멈추고 공단 너머 산과 들을 물끄러미 바라보니, 그곳에도 봄을 맞는 개나리 진달래가 지천으로 흐드러지는데, 공단의 안과 밖을 경계 짓는 연초록 펜스를 붙들고 선 마음이 왠지 모를 깊은 슬픔으로 싸하게 번져간다. 그 슬픔 고이 어루만지기라도 하듯 남쪽 대성동 마을의 태극기 위로 여명을 밝히며 떠오른 태양이 희망찬 개성의 새아침을 열어젖힌다.

2008년 6월 13일
6.15 8주년, 북측의 초대

6.15선언이 있은 지 8주년이 되는 해다. 개성공단의 북측 기관인 중앙특구개발지도총국은 매년 6.15 기념일에 맞춰 공단의 남측 주요기관 관계자들을 초청하여 기념 식사를 내곤 했다. 올해는 6.15가 마침 일요일이어서 금요일인 오늘 점심을 했다.

북측 당국자들과 남측 관리위원회 그리고 유관기관 대표들이 봉동관에 함께 자리했다. 그러나 분위기는 예년처럼 흥이 나지 않는다. 이명박 정부 출범 이후 처음 맞는 6.15인지라 다소 싱숭생숭…. 남북관계가 대립 국면으로 가면서 개성공단의 관리 당국도 서로 신경 쓸 일이 한두 가지가 아니다. 지난해 10.4선언에서도 6.15에 맞춰 남북이 공동기념행사를 매년 갖기로 합의했지만, 새 정부는 6.15와 10.4선언을 실질적으로 부정하고 있고 북측은 합의 이행을 촉구하며 불편한 심기를 감추지 않는다.

내 자리 앞과 옆으로 모두 북측 당국자들이 앉았지만 데면데면, 분위기를 주도하는 사람이 없다. 일부러 술을 권하고 건배를 하면서 분위기를 주도했다.

"ㅇ 참사 선생, 내 술 한잔 받으시오. 내가 주는 술 맛있어요."

"김 부장 선생, 하나 물어봅시다. 남측 당국은 왜 6.15를 부정하는 거요? 개성공단은 하기는 정말 하려는 거요?"

취기가 살짝 오른 북측 ㅇ 참사가 도무지 이해할 수 없다는 듯이 이야기한다.

"으 참사, 됐어. 그만해. 술이나 마셔. 정 궁금하면 직접 가서 물어봐. 자~ 6.15를 위하여!"

"아니, 그렇잖아. 도무지… 이해가 안 돼, 이해가! 부장 선생도 답답하기는 우리와 비슷하겠지. 알 만하오 알 만해. 그나저나 합의서 서명까지 한 기숙사와 탁아소는 짓기는 짓겠지?"

"과연 지을까? 과연 지을 수 있을까? 지을 수 있다면 아무 걱정이 없겠다. 술이나 쭈욱 내시라요. 좀체 머리 아픈 이야기하지 말고. 자~ 쭈~욱 냅시다."

그때 바로 옆자리에 앉아 조용히 술만 마시던 △참사가 조용히 나만 들으라는 듯 식탁 아래로 눈을 주며 이야기한다.

"부장 선생! 우리 공화국이 과연 어떻게 하면 개성공단이 정상화될 것 같소? 내 보기엔 이미 남측의 새 정부는 틀린 것 같소. 그들은 애초부터 개성공단이고 6.15고 10.4고 모두 부정하고 싶었던 거요. 우리 공화국을 어떻게든 잡아먹겠다는 가당찮은 헛꿈에 사로잡혀 있단 말이오. 앞으로 대결은 더 심화될 것이오. 한번 보오. 부장 선생, 너무 애쓰지 마오."

짐짓 대수롭지 않게 받아들이는 시늉을 하면서도, 속마음은 정말 무거웠다. 정확한 이야기였다. 드러내놓고 이야기하지 않아도 그들은 이미 모든 분석과 평가를 마친 후였다. 나는 아무 말도 할 수 없었다. 그에게 술을 한잔 따라주며 고개를 끄덕여줄 뿐이었다.

자리가 끝나고 봉동관에서 관리위원회까지 혼자 걸었다. 공단의 동서남북으로 쭉쭉 뻗은 대로들 주변으로 짓다 만 공장들이 방치되고 있다. 한여름을 내달리는 여름 날씨에 도로와 보도블록 사이로 잡풀들이 무성히 자라고 있었다. 정부는 개성공단 관련 예산을 줄이기 시작했다. 공단 관리에 들어가는 예산을 줄이면 관리는 당연히 허술해진다. 잡풀들이 무성히 자라기 시작한 개성공단의 모습이 그 모든 것을 반증하고 있었다.

개성공단은 이미 낙동강 오리알 신세다. 꿰다 놓은 보릿자루 신세다. 미운 오리새끼의 신세다. 그 속을 살아가는 모든 기업들과 남북의 평화, 통일 일꾼들도 모두 그 신세다. 지금의 내 신세이기도 하다.

* 행사가 있은 며칠 후 정부에서는 당일 개성공단에서 남북측 양 기관이 가진 6.15 기념 공동식사를 부적절 행위로 보고 말이 많았다. 통일부 차관 출신의 관리위원장은 그냥 허탈한 웃음만 지었다. 이후부터 북측 당국자들과의 공식적인 식사는 모두 금지되었다.

2008년 10월 15일
가을, 개성의 하루

공단의 가을은 어느 해, 어느 곳에서의 가을보다 깊은 인상으로 다가든다. 일교차가 큰 지역적 특성 때문일까, 매일 아침 안개 자욱한 흰색 물결 너머로 서늘한 새벽공기가 공단의 아파트 창문 틈을 비집고 들어온다.

아침산보 삼아 공단 길을 걷는다. 출근버스에서 내려 회사로 향하다 마주친 한 무리의 북측 여성 근로자들에게 반갑게 '안녕하세요'라고 인사하면 무에 그리 부끄러운지 살짝 숙인 고개 아래로 발갛게 상기된 얼굴의 수줍은 미소들로 인사에 대신한다. 지난해 조성하여 처음 맞이한 공단 내 '민족공원'의 가을도 은행나무, 단풍나무, 살구나무, 매실나무, 상수리나무 군락별로 울긋불긋 저마다의 가을 채비들을 서두르고 있다.

공원 관리사무소 뒤편엔 지난 봄, 북측의 '닭알'(북측에서는 달걀을 닭알 혹은 닥알이라고 한다)을 구해 부화기에 넣고 키워내었던 병아리가 그사이 장닭이 되어 새벽공기를 가르며 힘차게 홰치는 소리를 들려준다. 민족공원 연못 안에 풀어놓았던 비단잉어들도 그동안 1기, 2기, 3기의 개성공단을 원적지로 한 새로운 생명들을 의미 있게 키워내고 있다.

이제 막 출근한 북측 공원관리인이 반갑다는 듯 머리 긁적이며 수줍은 인사를 건네오고, 반갑게 맞으며 무심코 던진 '안녕하세요! 식사하셨습니까?라는 관용적 인사말에 짐짓 나 스스로 놀라 살풋 실수했음을 겸연쩍어 한다.

공원을 한 바퀴 돌아 사무실로 돌아오는 길, 아침식사 대용으로 우유나 하나 살 겸 마트에 들르면 북측의 이쁜 여종업원 은심 동무가 반갑게 맞이하며 정겨운 미소를 건넨다. 여자 이름 같은 내 이름이 여전히 신기하다며 오늘도 내 명찰을 보고 갸우뚱 미소 짓는다.

마트를 나와 개성공단 관리위원회 사무실로 향하는 길, 우리은행 개성공단 지점에 근무하는 북측 여직원 충실 동무, 은주 동무가 빗자루를 든 채 가볍게 반가운 목례를 전해온다. 관리위원회 사무실 입구. 일찍이 출근하여 걸레질을 하느라 부산한 북측 여직원 진옥이와 향이에게도 반갑게 인사하고 몇 자리 건너 설경이와 금희에게도 눈인사와 반가움의 목례를 전한다.

오전 내내 공단 입주기업들의 민원업무에 쫓기다 1시간여 북측 관료들과의 현안 협의를 위해 회의를 가진다. 회의실 정면 벽에는 김일성 주석과 김정일 국방위원장의 사진이 나란히 걸려 있다. 이렇듯 이곳은 엄연히 북측 땅, 북측의 법과 주권이 행사되는 개성공업지구다.

오후에는 민원이 발생한 입주기업 법인장들과의 면담을 마치고 애로점과 건의사항을 챙기며 공장 내 생산현장의 북측 종업원들을 둘러본다. 쉴 새 없이 돌아가는 컨베이어 공정의 작업대를 타고 함께 돌아가는 공정을 하루에 100여 바퀴씩 돌며 쉴 새 없이 생산에 몰두하고 있는 그녀들은 1970~80년대 남녘땅 어느 곳에서나 볼 수 있었던 근대화, 산업화의 역군 우리네 누나, 언니들의 창백했던 모습과 흡사한 모습으로 콧등 시큰하게 한다.

이른 저녁시간, 북측 직원이 봉사하는 공단 이발소에 들러 한 달여 만에 북측 직원이 정성스레 깎아주는 이발봉사를 익숙하게 받으며 골똘히 생각해본다.

'이발하는 순서도 어떻게 남이나 북이나 이렇게 똑같을까?'

이발소를 나와 검붉게 타오르는 서쪽 하늘의 저녁노을을 바라보노라면 멀리 기술교육센터 앞으로 늘어선 수십여 대의 북측 근로자용 퇴근버스 행렬과 버스에서 내려 퇴근길을 재촉하는 수천여 명 무리들이 군무처럼 아름답다. 그 군무는 형언할 수 없는 역동적인 장관으로, 더 없이 아름다운 격정적인 감격으로, 가슴 뿌듯한 자랑스러움이 되어 개성공단의 어느 가을날 하루를 빛나게 장식한다.

2010년 4월 25일
공단의 일요일, 인민군 창건일

4월 마지막 주 일요일, 당직 책임자다. 오늘은 북측의 인민군 창건일이다. 늦피기 시작한 개나리 꽃길을 따라 멀리 멀리 걸어본다. 여느 해보다 늦게 찾아온 따뜻한 봄 햇살을 맞으며 공단과 접한 북녘의 논과 들 산허리마다 적지 않은 북측 사람들이 아침 일찍부터 쟁기질을 하느라 바쁘게들 움직인다. 물에 잠긴 논바닥 안에서는 개구리 울음소리 유난스레 시끄럽고 논두렁 밭두렁을 따라 뛰어다니는 북측 소년들의 손과 어깨에는 호미, 망태기 같은 것이 들려 있다. 봄나물을 뜯고 있는 어린 여자애들의 모습도, 꾸역꾸역 쟁기질에 지친 소의 모습도 어릴 적 내 고향 대구 달성의 모습과 너무도 흡사함을 놀랍게 확인한다.

봉동으로 넘어가는 먼지 날리는 신작로 길에는 사람과 자전거의 행렬이 끊이지 않고, 저마다 보자기를 이고 지고 싣고 쉼 없이 바삐들 움직이고 있다. 실개천에는 대여섯 남짓의 한 무리 아이들이 송사리 미꾸라지라도 잡을 요량으로 첨벙첨벙 이리저리 뛰어다니며 구석구석 풀숲마다 헛다리질을 하며 고기들을 몰고 있다.

느릿느릿 봄볕 따사롭게 맞이하며 천천히 산보 삼아 걷는 걸음 따라 30여 년 전 어릴 적 모습들이 시나브로 진한 그리움으로 묻어오고, 북측 동포들의 평화로운 봄날의 정겨운 모습들이 나의 평화로움으로 전해져 온다.

멀리 산등성이 위, 배구하는 북측 군인들의 영차영차 함성만이 오늘이 인민군 창건일임을 되뇌게 할 뿐이다. 바람 한 점 없이 따사로운 봄 햇살이 개성공단과 인근 북녘 땅의 온 누리 대자연을 품어 안고 땅으로부터, 개울로부터, 나무들로부터 파릇파릇 새로운 생명들을 꿈틀거리게 하고 있다.

2008년 4월 4일
북측 배우기 : 청명일의 단상

북측 협력부 김 참사가 다소 난처한 표정으로 전한다. 다가오는 금요일 '청명일'이 국가공휴일로 지정되었다고. 3일 전 최고인민회의 상임위 결정에 따라 국가 전체가 쉰다는 것을 평양으로부터 오늘 통보받았다고 한다.

마른하늘에 웬 날벼락? 입주기업들은 생산계획에 맞춰 주별, 월별 생산근무일정을 모두 짜놓았을 텐데, 단 4일을 남겨두고 국가공휴일 지정이라니? 북에서는 그렇게 갑자기 국가공휴일 지정이 통보되기도 한다고?

국가 관료인 본인도 오늘에서야 통보를 받았으니 공장에 있는 북측 노동자들은 아직 아무도 모를 거라고 한다. 오늘 오후에 공식통보를 할 거라고 한다.

나는 '우리식 기준'에서는 이해할 수 없다, 어떻게 인민들이 모르는 국가공휴일이 있을 수 있으며 그것을 며칠 전에야 인민들에게 이야기할 수 있는가, '상식'적으로 이해가 되지 않는다고 강하게 항의했다. 순간 돌아서면서 아차, 또 실수했음을 알아차린다. '나에게 상식은 저들에게 상식이 아닐 수 있다!' '나의 상식이 저들에겐 몰상식이 될 수도 있다!'

아니나 다를까 곧바로 돌아온다.

"아니 김 부장 선생, 선생의 상식이란 게 뭐요? 우리 체제에서는 상부가 결정하면 이틀 전에라도 연락이 올 수 있고, 오늘 당장이라도 연락이 와서 국가공휴일이라고 할 수도 있는 겁니다. 상식과 비상식의 기준이 뭐냔 말이오?"

오늘도 또 이렇게 옥신각신 서로를 배우고 있다. 남북 간의 문화 차이, 행정의 차이, 경제의 차이, 정치의 차이…. 그 수준의 차이는 자명하지만 내가 그들에게 옳고 그름의 문제로서 이야기할 수 있는 것은 아무것도 없다. 도덕적 기준, 윤리적 기준, 사회관습적 기준, 행정절차적 기준 등등의 기준 자체가 다를 수 있음을 항상 마음으로 준비해야 한다.

진정 남북이 상호존중과 공존공영의 미래희망을 함께 만들어 가기 위해서라면 나의 옳음이 저들의 틀림이 될 수 있고 저들의 옳음이 나에겐 틀림이 될 수도 있다는 걸 받아들여야 한다. 그 모든 것은 다름이다. 다름의 공존이다. 그렇게 서로의 '다름'들이 일상적으로 함께 공존하고 있는 것이다. 그럼에도 희망을 키울 수 있는 것은 공유할 수 있는 같음이 절대적으로 더 많다는 것이다. 이렇게 또 하루의 북측에 대한 공부가 쌓여간다.

북측에 대한 공부의 첫 번째 태도. 서둘지 말고, 인내심을 가지고, 나의 주관적 가치판단을 잠시 접어두라는 것, 매일매일 반복적으로 되뇌는 교훈이다.

2008년 5월 1일
개성공단 섬마을 운동회

5월 1일은 근로자의 날이다. 남측에서는 메이데이(May-Day)라고 하고 북측에서는 통상 '5.1절' 혹은 '로동절'이라고 한다. 남북이 똑같이 공휴일인 날이 드문데, 이날이 그런 날이다.

관리위원회가 주관이 되어 개성공단에 있는 남측 주재원들을 대상으로 체육대회를 한다. 일찍부터 준비한 행사가 아님에도 불구하고 공장이 쉬는 날, 별로 할 일도 없는 상황들인지라 참여도는 꽤 높은 편이다. 이들은 공단 100만 평을 벗어날 수 없다. 그러므로 개성공단에서는 체육대회 자체가 엄청난 구경거리다. 입주기업별로 자체적으로 만들어내는 제품들을 찬조물품들로 내고, 팀도 나누고, 술과 고기를 준비하는 등 손발이 척척 맞아 돌아간다.

남측에서 볼 수 있는 일반적인 체육행사들처럼 무질서하지 않다. 개회식 때나 폐회식 때나 거의 똑같은 수의 참가자들이 자리를 뜨지 않고 참여한다. 사실은 행사 끝내고 어디 다른 곳에 가 볼 데도, 따로 볼 일을 볼 것도 없기 때문이다. 식당도 술집도 그 집이 그 집이고, 공장과 공장 내 숙소, 식당과 술집을 드나들며 만나는 사람들도 한결같다.

오랜만에 하루 종일 뛰고, 음식과 술잔을 나누는 사이 몰라보게 친해진 사람들은 누가 먼저랄 것도 없이 어깨동무를 걸고, 술김에 호기로운 제안들도 오고간다. 꼭 1970~80년대 우리네 시골 초등학교 가을 운동회 모습과 흡사하다.

어둑어둑 땅거미가 내리는 시간까지 자리를 털지 못하고 아쉬운 마음을 달래며 '체육대회 자주 하자'는 다짐 속에서 자리를 떠나는 사람들을 보면서 가진 개성공단 체육대회의 야릇한 단상이다. 개성은, 저마다 모두 외로운 사람들이 모인 외로운 섬이다.

2009년 1월 23일
개성공단 설맞이

북측 사람들은 추석명절보다 설명절을 더욱 크게 여기고 지내는 것 같다. 추석은 휴일이 하루지만 설은 3일 이상 쉰다. (2014년 추석은 북측도 3일을 쉬었다. 전반적으로 경제가 좋아진다는 징후다.) 사실은 추석이 추수철이라 워낙 바빠서 짧을 수밖에 없다고 한다.

북측 사람들의 설날 모습은 남측과 크게 다를 바 없다. 아침에 일어나 부모님께 세배하고, 조상님께 제 올리고, 마을을 돌아다니며 어른들께 세배 드리고, 아이들은 제기차기·팽이치기·연날리기·얼음썰매타기로 추운 줄도 모르고 그렇게 즐겁게 보낸다. 부족하긴 하지만 조금씩 준비한 선물들을 집집마다 나누고, 이 집 저 집 찾아다니며 세배도 하고 음식도 나누면서 오랜만의 명절을 조금은 넉넉하게 보낸다.

남자들에게 설날은 '술날'이라는 관용구가 있을 정도로 북녘의 남자들은 하루종일 술이다. 이 집 저 집, 친구 집, 직장동료 집까지 모이기만 하면 술자리가 거나하게 벌어져 "남자들이야 고저 설날은 술날이지 뭐~!"를 확인시켜준다. 하지만 북측 여성들은 그런 남자들 수발하느라 이리저리 술상 차리고 치우기 바쁘다. 그런데 재미있는 것은 북측 여성들은 남측 주부들처럼 명절 스트레스로 힘겨워하지는 않는 것 같다는 것이다. 오히려 즐겁고 기쁜 일이라 여긴다. 적어도 말은 그렇게 한다. 진짜 내심은 모르겠지만. 믿어줄 수밖에 없다.

오늘은 개성공단에서 맞는 설명절이다. 남아 있는 남측 주재원들끼

리 합동제례를 올리고, 함께 준비한 떡국과 음식을 나눠 먹으며 개성
땅에서도 설은 설임을 서로 확인하는, 오랜만에 여유로운 시간이다.

2009년 4월 21일
지난밤 한숨도 못 자고 뒤척였던 까닭은

평소에도 바람이 많은 개성이지만 지난밤은 유독 세찬 비바람이 내내 창문을 때렸다. 꿈속, 살아생전 아버지가 나를 나무라시듯 호통치고, 뒤이어 사랑하는 아내가 슬픈 표정으로 나를 바라보고, 동료들은 자욱한 담배연기 너머로 나를 힐끗거리며 힐난했다.

새벽 4시. 그렇게 깨어나 희미해져 오는 여명의 희뿌연 구름, 그 하늘을 맞이할 때까지 우두커니 침대에 앉아 있었다. 아버지가 보고 싶었다. 아내가 보고 싶었다. 사랑하는 사람들이 보고 싶었다.

1년 6개월 만에 남북 정부간 대화를 위해 남측에서 당국자들이 개성으로 들어왔다. 지난 1주일 동안 뛰어다녔던 노력들이 오늘 하루 어떤 식으로든 결론이 날 것이다.

9시에 들어온 당국자들은 연락관 접촉만 한 뒤 기싸움을 하고 있다. 회의 장소, 의제, 참석자…. 만나면 자연스레 모두 알게 될 내용들을 갖고 버티고 있다. 하루 온종일 남측의 연락관 대표가 되어 이리저리 뛰어다니며 남과 북을 이었다. 마침내 개성 입경 10시간 만에 공식면담이 이루어졌지만, 20분 만에 끝났다. 11시간이 지난 후 남북은 평양과 서울로 돌아갔다.

밤 12시가 넘어 돌아온 방에서 무력할 수밖에 없었던 나를 반추해 보았다.

'나는 잘하고 있는가?'

남북의 끝없는 불신의 꼬리물림 속에서 난 아무것도 할 수 없었고, 아무것도 이야기할 수 없었다. 혼자서 사고 치듯 나설 수도 없었다. 지난밤, 밤새워 잠 못 든 채 뒤척이며 만났던 아버지, 아내, 직원들의 시선들이 불현듯 현실이 되어 내 눈앞에 서 있었다.

2009년 7월 7일
의약품 전달

이곳에서는 아직도 많은 것이 부족하다. 특히 가장 안타까운 게 의약품이다. 감기약, 진통제, 항생제… 하다못해 모기약조차 없다. 그냥 마음이 아려오고 슬프기도 하고 서럽기도 하고 서글퍼지기도 하고 그러다가 뭔지 모를, 치미는 분노를 억누를 수 없어 더욱 서러워진다. 먹는 문제야 어떻게든 나름의 체계 속에서 버틸 수 있지만 의약품은 그리 할 수가 없다.

남측으로부터 지원받은 의약품을 오늘 전달했다. 그렇게 반가워할 수가 없다. 먹는 것이나 입는 옷이나 다른 무엇이었으면 받는 명분 찾아야 하고 받는 과정의 투명성 보장받아야 하고 이래저래 서로가 신경 쓸 일이 한두 가지가 아니지만 의약품은 곧바로 주고받을 수 있을 뿐만 아니라 참으로 쓰일 데가 많다. 그래서 의약품은 무조건 받아서 감사하고 무조건 받아줘서 감사하다.

우리가 건넨 의약품들은 개성시 인민병원이나 개성시 약품공급소로 가게 될 것이다. 의사의 처방이 있어야 사용 가능한 전문의약품들이기에 최소한 중간에서 사라지는 일은 없다. 어떤 식이든 북측의 동포가 사용하게 될 약품들이다. 그것만으로도 참을 수 없었던 슬픔과 서러움, 분노를 잠시나마 삭이며 그들도 우리도 똑같은 인간이자 동포임을 진하게 느낄 수 있다.

2009년 8월 19일
사회적 수준과 문화의 충돌

"김 부장 선생이 맡은 일이 무엇입네까?

"이 정도의 일은 장악하고 있어야 하는 것 아닙네까?"

"기업지원부가 제대로 장악하지 못해 이런 불법들이 나온 것 아닙네까?"

"개성에서 하루이틀 사업한 것도 아닐 텐데, 영 말귀를 못 알아들으시네!"

"다시 개성에 못 들어오고 싶습니까?"

처음 본 북측 관료가 아랫사람 나무라듯 한다. 이미 여러 사업에서 퀴퀴한 냄새를 수도 없이 풍겼다는 소문이 자자한 인물이, 제 마음대로 지껄인다. 삶의 수준이 후진적일수록 사회의 행정체계 문화도 후진적일 수밖에 없다. 물론 내 기준이다. 먹고사는 문제가 힘들면 윤리와 도덕, 질서와 체계 또한 후진적일 수밖에 없는 것인가? 훈계는 귀에 들어오지 않고 학자적 분석만 꼬리에 꼬리를 문다.

한 가지 확실한 것은 북측은 지금 우리가 인정하든 인정하지 않든 미국으로부터의 공격 위험, 전쟁 위험을 심각하게 인식하고, 국가의 전 역량을 동원하여 그 전쟁에 대비하고 있다는 것이다. 이러한 준전시적 국가대비태세는 그들에게 일상적 상황이다. 다만 우리가 인식하고 있지 못할 뿐. 그 속에서 적잖은 국민기본권들이 제약받고 있다. 하지만 그 제약은 우리 기준으로 봤을 때의 제약이다. 정작 그들 스스로는 제

266

약으로 받아들이지 않는다.

그것도 '다름'이다. 체제와 사회구조, 문화를 제대로 이해하지 않고서는 한 발짝도 이해할 수 없는 곳이 바로 북측이다. 1970~80년대 개발독재 시절 각종 비리의 온상이었던 관료조직, 딱 그 수준의 북측 관료가 별 감정 없이 북측 사회 연구에만 관심 있는 남측의 관료, 관료가 아닌 학자를 가르치듯 공갈 협박한다.

"개성에 못 들어오고 싶으면 그런 식으로 사업하시오"라고.

진심을 담아 천천히, 살며시 미소를 머금은 채 또박또박 제대로 이야기해준다.

"ㅇ 참사 그냥 남측으로 추방해주면 안 될까? 그러잖아도 개성공단 그만두고 싶었는데, 정말 잘 되었네. ㅇ 참사가 나 꼭 좀 남측으로 내려보내줘…" 하고 진심으로 간절하게 이야기한다. 화가 머리 끝까지 치민 ㅇ 참사는 문을 쾅 닫고 제 발로 나가버린다.

남북관계가 적대-대립화되면서 이전에는 그렇게 좋았던 개성공단의 남북 관리들의 관계가 이렇듯 조그만 일에도 부딪치기 십상이다. 속마음은 똑같다. 다만 상부의 입장을 전달해야 하는 입장에서는 싸울 수밖에 없는 것이다. 이게 부정할 수 없는 개성공단의 현실이다.

2009년 9월 1일
탁아소, 아파트형 공장

답답하다. 3년 동안 협의했고, 이미 결론도 났고, 합의도 다 된 개성공단 탁아소 건설 지원협정. 북측은 남측 당국의 모든 요구조건을 이미 다 들어주었는데 남측은 아무 이유 없이 탁아소 건설을 차일피일 미루고 있다.

약속은 지켜야 하지 않겠는가. 집요하게 정부 당국을 설득해보지만 하염없이 기다리라고만 한다. 지난 2년 동안 탁아소 협상을 담당해온 내 자신마저도 이젠 북측 사람들 앞에서 할 말이 없다. 지난 2년간 말도 되지 않는 조건들을 달면서 우리 정부는 관리위원회에 모든 짐을 지워놓고 모든 욕은 관리위 협상대표인 내가 먹으면 그만이라는 식으로 요리조리 피해 오다가 북측이 모든 것을 남측의 요구대로 하겠다고 크게 양보해버리자 이젠 나 몰라라, 무대책으로 버팅기고 있다. 차라리 못 지어주겠다, 약속된 합의 파기해야겠다고 솔직히 이야기하는 편이 더 나을 텐데…. 참 나쁘다. 최소한의 예의도 없는 참 나쁜 사람들이다.

관리위 아파트형 공장. 10개월 전에 준공해놓고 입주 희망 업체들이 수십여 차례 관리위를 찾아와 분양을 요청해도 정부는 무조건 기다리라고만 한다. 그간의 감가상각비와 관리비, 유지비는? 무상양여 다 해놓고 무슨 심보인지 임대분양은 무조건 기다리라고만 한다. 이 무슨 억지인지 모를 일이다. 그냥 한심할 뿐이다.

더 이상 무슨 말이 필요하겠는가. 무슨 명분을 찾아서라도 개성공단

268

을 닫고 싶은 것이 속내인 것이다. 이미 알 만한 사람들은 다 안다. 이 정부 들어 나날이 퇴보하는 개성공단. 그 본질적 현실이 그렇다. 평화의 민족사에 죄를 짓는 것이다. 후대들에게 죄를 짓는 것이다.

2011년 7월 25일
개성공단을 떠나며

"김 부장 선생, 진짜 나가는 거요?"

"허허, 그럼요, 가야죠⋯. 나가야죠. 언제까지 개성에만 있을 수 없지 않겠습니까!"

"그래~ 김 부장 선생이 나가면 뭐가 좀 달라질 것 같소?"

"허허 크게 달라지기야 하겠습니까? 역사의 물줄기에 낙엽 한 장 띄우는 심정으로 가는 거죠. 변화가 필요한 곳에 밀알이라도 되고자 하는 것뿐입니다."

"낙엽, 밀알⋯. 개성공단은 어쩌고 그런 말을 하오?"

"부장님도 아시다시피, 제가 있으나 없으나 공단은 언제 그 숨통이 끊어질지 모르는 중환자 아닙니까. 어느 한쪽에서 산소호흡기를 빼기만 하면 곧 죽을 판인데, 죽지 않도록 근본적으로 환경을 바꿔야죠."

"김 부장 선생이 간다면야 갈 수밖에 없겠지만, 다들 심란해 하는 건 사실이오."

"네⋯. 허허 심란? 있을 때나 잘하시지! 너무 그러지 마세요. 정말 쉽지 않은 결정이었으니까요."

개성공단 근무 4년 만에 공단근무를 정리하기로 했다. 마음으로 오랫동안 준비했지만 막상 떠나려니 눈에 밟히고 마음 쓰이는 사람들이 한둘이 아니다.

부총국장, 윤 부장, 원 참사, 유 처장, 만 처장, 황 참사, 박 과장, 로 과장, 한 과장, 김 과장, 박 참사…. 4년간 각기 다른 분야에서 수도 없는 업무협의와 협상을 했던 북측 당국 관계자들…. 함께 경계하고, 긴장하고, 떠보고, 때로는 함께 얼굴 붉히며 힘든 시간들이었지만 한편으로는 개성공단과 함께해야 하는 운명공동체의 동병상련을 공유하고 같이 마음 나누었던 사람들이다. 돌이켜보면 그 모든 협의와 협상의 과정들은 전적으로 개성공단의 정상적 발전을 위한 상호 간의 피할 수 없는 힘겨운 노력의 과정이었다.

남북 당국 관계가 대립화되고 우리 정부가 개성공단 관련 기존 합의사항들을 부정하면서 나는 늘 그들의 합의 이행 촉구, 정상화 촉구 문서와 통지문을 접수하고 공식 항의를 받는 위치에 있었다.

이미 정책적으로 방치되고, '낙동강 오리알' 신세로 전락한 개성공단에서 자율적으로 할 수 있는 것은 아무것도 없었다. 모든 손발이 묶여있었다. 북측의 지속적인 정상화 촉구와 항의에 우리 정부가 내리는 지침은 '의연하게 대처할 것'이 전부였다. 4년 내내 나는 100만 평 공단 안에서 어디 숨을 곳도 없이 '의연하게 무시하고… 의연하게 회피하고… 의연하게 늘 도망다니고 있었다.'

이미 버려진 곳이나 마찬가지였던 개성공단에서 숨통이 멎어가는 중환자의 손목을 부여잡고 어떻게든 숨을 이어보려 무던히도 뛰어다녔던 지난 4년. 사실 고통 속에 숨만 쉬는 그 환자를 바라볼 수밖에 없었다. 그것이 더 큰 좌절이었다. 그럼에도… 비정상적이나마 숨통만이라도 유지되길 진심으로 진심으로 바란다.

2011년 7월 28일
작별

"건강하오, 김 부장! 진짜 건강하시오."

힘차게 내민 손으로 내 손을 덥석 잡으며 북측 협력부장이 간단치 않은 작별인사를 한다.

"허허, 부장님이 진짜 건강하셔야죠. 다친 몸 잘 보살피시고요. 좋은 시절 오면 내 꼭 평양에 가서 부장님과 해보고 싶은 것이 있습니다."

"평양에서? 그게 뭐요?"

"옥류관에서 점심으로 쟁반냉면을 먹고, 나와서 대동강의 을밀대든 부벽루든 어디에서든 대동강을 바라보며 부장님과 대동강맥주를 맘껏 마셔보고 싶어요. 오늘을 추억하며 말입니다. 그 자리에 지난 4년간 개성공단에서 저와 함께했던 북측의 여러 성원들 초대해서 다들 건강하셨냐고, 정녕 잘 계셨냐고, 진짜 보고 싶었다고. 그렇게들 반갑게 인사 나누고 싶네요!"

"꿈 한번 소박하구먼. 김 부장 선생이 그런 희망을 품으면 꼭 그런 날이 올 거요. 암, 오지! 허허. 그나저나 이제 나가는 사람이 다시 만날 희망까지 이야기하고. 하여튼 잘 가시오. 건강하고. 다들 많이 생각할 거요."

"2차는 부장님 댁에 가서 사모님 내오시는 평양소주에다 '평양의 밤아 지새지 말아다오' 노래 제대로 한번 들어보면서… 그렇게 진하게 회포를 풀고 싶군요."

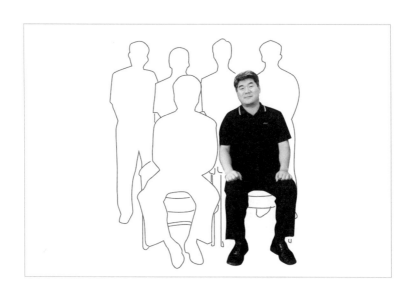

　"좋소 좋소! 내 김 부장 선생의 그 소박한 꿈을 듣고 있으니 벌써부
터 단단히 준비해야겠소. 그런 좋은 날 생각만 해도 감격스럽소. 헤어
지기도 전에 다시 만나 회포 풀 계획부터 하다니, 허허. 다~ 잘 될 것이
오. 잘 될 거야. 허허. 하여간 이래 간다니 참으로 섭섭하오. 가기로 했
으니 진정 세운 뜻 제대로 실천하길 빌겠소. 또 보게 될 거요. 통일조
국을 위해 열심히 합시다."

　"부장님, 마지막인데, 폐가 안 되면 기념으로 사진 하나 찍읍시다."

　"그래? 까짓거 사진이 뭐 대수라고! 찍지 뭐, 폐는 무슨 폐? 혹여 남측
에서 이 사진 갖고 김 부장 선생한테 뭐라 하지 않갔다? 심히 걱정되누

만, 하하. 자 다들 같이 찍자우들요. 어서들 와요. 허허."

　그렇게 찍은 마지막 한 장의 사진이 개성공단을 떠나올 때 가슴에 담아두었던 장면이다. 출경대기선에서 남측으로 나올 때, 큰 도로 건너 관리위원회 사무실 옆 모퉁이에서 오랫동안 아쉬운 작별의 손을 흔들어주던 사람들… 개성공단을 통해 통일을 만들어가고자 했던 그 사람들… 언젠가 꼭 평양에서 그들과 대동강맥주를 마시고 싶다.

개성공단은 기적이다

#1

남북의 분단은 북한에 대한 우리 사회의 인식을 구조적 무지와 체제적 왜곡의 영역으로 만들었다. 분단 심화는 북한 및 통일 문제에 대한 총체적 무지를 심화시킨다. 개성공단에 대한 이해도 총체적 무지의 영역이긴 매한가지다.

개성공단에 근무하는 남측 주재원들의 입으로 개성공단과 북측 사람들에 대한 살아 있는 이야기를 담고 싶었다. 최소한 개성공단에 직접 근무하는 사람들은 개성공단에 대해 좀 더 정확한 이야기들을, 저마다의 다른 경험들을 통해 국민들의 눈높이에서 이야기해 줄 것이라고 생각했다. 9명의 각기 다른 인터뷰 내용들을 보면서 개성공단에 대한 기본적인 이해에 도움이 되었으리라 생각한다.

하지만 인터뷰 내용에는 나름의 한계가 있다. 개성공단에 근무하는 남측 주재원들의 북한·통일 문제에 대한 무지는 수준의 차이일 뿐 일반 국민과 별반 다르지 않다. 일상적으로 북측 사람들을 만나고 함께 지내지만 북측 사람들의 가치관이나 삶의 양식, 사고방식, 북측의 사회구조나 운영원리들에 대한 이해는 잘 모른다. 다만 북측 사람들을 접하면서 그들에 대한 다양한 이해와 인식을 경험한다. 분단은 누구를 막론하고 북한·통일 문제에 대한 총체적 무지를 구조화한다. 개성공단에 근무하기 때문에 남북관계에 민감하고, 관심이 더 많은 것은 맞지만 전체적인 남북관계나 통일의 개념과 과정 등에 대한 몰이해는 거의 매한가지다.

개성공단 문제는 공단이라는 숲을 나와서 보면 더 잘 보인다. 일상적으로 부딪히는 북측 사람들에 대한 이해도 대부분 우리식 기준과 관점, 가치관에 입각해서 재단하고 단정하는 우를 범하기는 마찬가지다. 그들 또한 북한을 바라보는 우리 사회의 전형적인 관점인 적대적 관점, 대립적 관점, 비교적 관점, 일방적(우리식 관점과 기준, 가치관) 관점, 일반화의 오류(개인 경험의 일반화, 특수의 보편화), 경제주의적 관점 등으로부터 자유롭지 못하다.

북한을 제대로 안다는 것은 매우 어려운 영역이다. 역지사지의 노력은 할 수 있으나 그들의 가치관과 사고방식, 삶의 양식 등에 대해 무지하기 때문에 그들의 입장에 제대로 서 볼 수가 없다. 이것이 근본적인 한계다. 그러하기에 더 많이 만나고 더 많이 대화하고 더 많이 가슴을 열어야 한다. 머리가 아닌 가슴으로 만나야 하고, 관념이 아닌 실천으로서 만나야 한다. 그렇게 오랫동안 함께 노력해야 비로소 서로를 조금씩 알게 될 것이다. 그만큼 70년 분단체제는 강고하고 엄혹하다.

#2

개성공단 남측 주재원들 중에는 남북의 차이를 적나라하게 경험하면서 (체제간) 통일에 대해 회의적으로 생각하는 사람들이 적지 않다. 당연하다. 일상적인 대북적대의 이념공세와 반통일 담론, 통일비용론 등 왜곡된 통일관을 적용하면 누구나 그렇게 생각할 수 있다. 그러나 사실은 그처럼 급격하게 진행되는 체제간 통일은 없다. 통일에 대한 잘못된 인식이다. 불가능한 통일을 염두에 두고 있는 것이다.

통일은 남과 북이 상호존중의 자세로 화해협력, 경제협력 등 오랜 평화의 과정을 통해 비로소 오는 마지막 상이다. 즉 통일은 상호존중의 정신을 바탕으로 '화해협력 - 남북연합 - 완전통일'로 이어지는 오랜 평화의 과정이다. 즉 평화가 통일인 것이다.

그런 평화의 기간이 수십 년 지난 뒤 남과 북이 서로를 정말 제대로 이해하게 되었을 때 남북연합을 거쳐 완전통일로 가는 것이다. 그것이 우리나라의 공식 통일방안인 '민족공동체 통일방안'이다. 남과 북은 6.15선언에서 이 통일방안의 2단계인 남북연합 방안으로 통일을 지향해가기로 합의했다. 그러나 대부분의 국민들은 그런 사실조차 모른다. 통일교육을 아예 하지 않기 때문이다.

3

2014년 12월 북측은 개성공단 임금제도인 '노동규정'을 개정했다. 운영적 측면에서 개성공단은 남북의 공동 공단이 아닌 북측의 공단이 되고 있다. 우리 정부가 개성공단을 오랫동안 실질적으로 비정상적 상황으로 방치해온 결과다. 남북 당국관계가 적대와 대립으로 구조화되면서 예견되었던 일이다. 그간 개성공단에서는 무슨 일이 벌어진 걸까? 왜 남북한 평화번영의 전초기지가, 남북상생의 호혜적 경제 프로젝트이자 평화 프로젝트였던 개성공단이 이렇게 비정상화 된 것일까?

사실은 남북 간의 적대적 대립 관계에도 불구하고 개성공단은 유지되고 있는 자체가 기적이다.

얼마 전 개성공단을 다녀왔다. 개성공단을 떠나온 지 4년여 만이었다. 비정상의 구조화로 개성공단의 풍경은 '정지된 화면'처럼 4년 전이나 지금이나 달라진 것이 없었다. 그러나 공단을 지키고 있는 남북의 동포들은 그 힘겨운 조건 속에서도 통일과 평화의 기적들을 묵묵히 만들어가고 있었다. 그렇다. 6.15, 10.4선언이 부정되고, 남북관계가 전면 차단된 상황에서도 비정상적이나마 개성공단이 유지되고 있는 상황 그 자체만으로도 '기적'이다. 개성공단을 지키고 있는 기적의 주인공들에게 이 책을 바친다.

김 진 향